Executor's Dream

Le livre de travail ultime vous aidant à préparer votre succession pour votre exécuteur testamentaire

Susan Babineau

Global Book
Publishing

Le Rêve de l'Exécuteur
Susan Babineau
©2022 Susan Babineau. Tous droits réservés

ISBN: 978-1-956193-24-4
Conception et édition du livre réalisées par :
Global Book Publishing
www.globalbookpublishing.com

Clause de non-responsabilité : Clause de non-responsabilité : L'éditeur et l'auteure ne font aucune déclaration et ne donnent aucune garantie en ce qui concerne l'exactitude et l'exhaustivité de cet ouvrage et rejettent spécialement toutes les garanties, y compris, mais sans s'y limiter, les garanties d'adéquation à un usage particulier. Aucune garantie ne peut être créée ou étendue par des ventes ou du matériel promotionnel. Les conseils et stratégies contenus dans ce livre peuvent ne pas convenir à toutes les situations. Cet ouvrage est vendu avec la compréhension que l'éditeur n'est pas engagé dans la prestation de services juridiques, comptables ou autres services professionnels. Si une assistance professionnelle est nécessaire, il convient de faire appel aux services d'un professionnel compétent. Ni l'éditeur ni l'auteur ne peuvent être tenus responsables des dommages qui en découlent. Le fait qu'une organisation ou un site web soit mentionné dans le présent ouvrage en tant que citation ou source potentielle d'informations supplémentaires ne signifie pas que l'auteur ou l'éditeur approuvent l'information que l'organisation ou le site web peuvent fournir ou les recommandations qu'ils peuvent faire. En outre, les lecteurs doivent être conscients que les sites Internet mentionnés dans cet ouvrage peuvent avoir changés ou disparus entre le moment où cet ouvrage a été rédigé et celui où il est utilisé.

Ce livre n'est pas un document juridique et ne remplace pas un testament, une procuration ou un testament de vie.

En tant que courtière d'assurance **vie, accident et maladie** autorisée dans le Canada atlantique, j'ai rencontré de nombreux cas où des personnes sont décédées sans avoir écrit où se trouvaient des renseignements personnels importants. Parfois, cela se produit sans même qu'un testament final ne soit trouvé. Ce livre de travail est conçu pour vous guider à travers tous les renseignements importants que vous devriez documenter et laisser à la personne responsable de gérer toutes vos affaires. **Il ne remplace pas la nécessité de rédiger vos dernières volontés, un testament final, un testament de vie et/ou une procuration.**

Veuillez également noter que **ce livre n'est pas destiné à fournir des conseils juridiques ou comptables,** car je ne suis pas titulaire d'une licence dans l'un ou l'autre de ces domaines. Je suis une courtière d'assurance qui se trouve être organisée et attentionnée. Je crois sincèrement que tout le monde a besoin de ce livre. Il y a d'autres livres similaires sur le marché, et il y a également des planificateurs financiers et des compagnies d'assurance qui fournissent de petits livrets à remplir sur ce sujet-mais je n'ai pas encore trouvé un livre qui met tout en un seul endroit, alors j'ai décidé d'en créer un.

Comme ce livre contient tous vos renseignements personnels, **je vous recommande fortement de le conserver dans un coffre-fort ou une boîte de sécurité une fois qu'il est rempli** et de vous assurer que l'exécuteur ait une clé ou un code d'accès le moment venu. Ne laissez pas cet exercice vous effrayer. Il n'y a pas d'âge pour mourir ou être affligé par la maladie-cela peut arriver à tout moment. Par conséquent, il nous incombe d'être prêts. Ce livre de travail dûment rempli permettra à votre exécuteur testamentaire et à vos proches d'avoir l'esprit tranquille et le temps de faire leur deuil, et non le fardeau de gérer votre départ non préparé.

En attendant, **vivez chaque jour au maximum et soyez reconnaissant pour le moment présent, car demain n'est pas promis !**

Susan (Suzy) Babineau
Auteure du Rêve de l'Exécuteur

Table des matières

Comment utiliser ce livre de travail

Le présent livre de travail vise à fournir tous les renseignements dont votre exécuteur testamentaire et vos proches auront besoin pour régler votre succession et exécuter vos dernières volontés.

Ne vous sentez pas dépassé par la taille du livre. Il y a de fortes chances qu'il y ait de nombreuses sections qui ne s'appliquent pas à vous et vous pouvez simplement passer à la section suivante. Ce livre a été créé pour accommoder tout le monde.

Il suffit de prendre un chapitre à la fois et sans que vous ne vous en soyez rendu compte, il sera terminé.

Je suggère de revoir ce livre chaque année pour en assurer l'exactitude et d'en faire une mise à jour, le cas échéant. Le temps des impôts pourrait peut-être servir de rappel.

Gardez-le en lieu sûr et potentiellement sous clé. Assurez-vous que vos proches sachent où il se trouve et comment y accéder.

Encore une fois, félicitations pour avoir fait ce qu'il fallait pour vos proches !

Ce livre de travail appartient à :

Nom	
Adresse civique	
Ville	
Province/État	
Code postal/Zip	
No. de téléphone résidentiel	
No. de téléphone cellulaire	

Date de la dernière mise à jour de ce livre :

Remarque : Il est recommandé de mettre à jour ce livre au moins tous les deux ans.

Choisir votre exécuteur testamentaire

Être exécuteur testamentaire est une tâche difficile et ingrate. Cependant, il est nécessaire de choisir quelqu'un capable de régler votre succession et de veiller à ce que vos dernières volontés soient respectées.

Une fois que vous avez choisi votre exécuteur testamentaire, il est important de vous assurer qu'il accepte la tâche et de revoir ce livre avec lui pour être certain que vos attentes soient bien comprises.

Votre exécuteur testamentaire peut être la personne à qui vous demandez d'organiser vos funérailles. Cependant, je vous recommande de vous rendre au salon funéraire et de prendre des dispositions pour des « préarrangements funéraires ». Même si vous n'avez pas l'argent pour payer, vous pouvez quand même faire les « préarrangements ». Cela évite à vos proches d'avoir à prendre ces décisions pendant qu'ils pleurent votre perte.

Votre exécuteur testamentaire sera essentiellement la personne chargée de retrouver votre testament, fermer tous vos comptes et payer les dépenses finales. C'est pourquoi il est très important de bien remplir ce livre pour faciliter son travail. Votre exécuteur testamentaire devra peut-être demander de l'aide et les conseils de votre avocat pour accomplir toutes les tâches.

Ce livre a été créé pour l'exécuteur que j'ai choisi :

Nom	
Adresse civique	
Ville	
Province/État	
Code postal/Zip	
No. de téléphone résidentiel	
No. de téléphone cellulaire	
Relation (Conjoint.e, enfant, etc.)	

Coexécuteur no. 1 :

Nom	
Adresse civique	
Ville	
Province/État	
Code postal/Zip	
No. de téléphone résidentiel	
No. de téléphone cellulaire	
Relation (Conjoint.e, enfant, etc.)	

Coexécuteur no. 2 :

Nom	
Adresse civique	
Ville	
Province/État	
Code postal/Zip	
No. de téléphone résidentiel	
No. de téléphone cellulaire	
Relation (Conjoint.e, enfant, etc.)	

Contact d'urgence no. 1 – (si différent de l'exécuteur testamentaire) :

Nom	
Adresse civique	
Ville	
Province/État	
Code postal/Zip	
No. de téléphone résidentiel	
No. de téléphone cellulaire	
Relation (Conjoint.e, enfant, etc.)	

Contact d'urgence no. 2 – (si différent de l'exécuteur testamentaire) :

Nom	
Adresse civique	
Ville	
Province/État	
Code postal/Zip	
No. de téléphone résidentiel	
No. de téléphone cellulaire	
Relation (Conjoint.e, enfant, etc.)	

Executor's Dream

CHAPITRE 1

RENSEIGNEMENTS PERSONNELS

Vos renseignements personnels

Prénom	
Deuxième prénom	
Nom de famille	
Autres noms utilisés au cours de votre vie	

Date de naissance (p. ex. : le 2 décembre 1965)	
No. du certificat de naissance	
Pays de naissance	
Ville de naissance	
Emplacement du document	
Date du décès (À remplir par l'exécuteur testamentaire)	

Numéro d'assurance sociale (Canada)	
Numéro de sécurité sociale (États-Unis)	
No. d'assurance-maladie de la province ou de l'État (Medicare ou autres selon votre localité)	
Emplacement de la carte	

Citoyenneté

Citoyenneté	
Carte de résident permanent	
Emplacement des documents	

Citoyenneté	
Carte de résident permanent	
Emplacement des documents	

Citoyenneté	
Carte de résident permanent	
Emplacement des documents	.

Passeport(s)

Pays du passeport	
Numéro d'identification	
Date d'expiration	
Emplacement des documents	

Pays du passeport	
Numéro d'identification	
Date d'expiration	
Emplacement des documents	

Pays du passeport	
Numéro d'identification	
Date d'expiration	
Emplacement des documents	

Permis de conduire

Province/État	
Numéro d'identification	
Date d'expiration	

Statut d'Indien/Autochtone

Province/État	
Numéro d'identification	
Date d'expiration	

Prestations du service militaire/anciens combattants

Numéro du vétéran	
Pays d'enrôlement	
Lieu de la décharge	
Papiers	
Avez vous une pension militaire ?	
Coordonnées du bureau	
Autres renseignements	

Armes à feu

Description	
Emplacement	
Renseignements sur l'enregistrement	
Renseignements sur le permis	
Notes	

Description	
Emplacement	
Renseignements sur l'enregistrement	
Renseignements sur le permis	
Notes	

Description	
Emplacement	
Renseignements sur l'enregistrement	
Renseignements sur le permis	
Notes	

Description	
Emplacement	
Renseignements sur l'enregistrement	
Renseignements sur le permis	
Notes	

Certificat(s) de mariage

Province/État	
Emplacement du document	

Province/État	
Emplacement du document	

Province/État	
Emplacement du document	

Province/État	
Emplacement du document	

Province/État	
Emplacement du document	

Certificat(s) de divorce

Province/État	
Emplacement du document	

Province/État	
Emplacement du document	

Province/État	
Emplacement du document	

Province/État	
Emplacement du document	

Coordonnées de l'époux.se/conjoint.e de fait

Nom complet – conjoint.e no. 1	
Adresse (si différente de la vôtre)	
No. tél. résidence ou cell.	
Date de naissance	
No. d'assurance/de sécurité sociale	
Date de mariage	
No. du certificat de mariage	
Date du divorce	
Date du décès (si décédé.e)	

Nom complet – conjoint.e no. 2	
Adresse (si différente de la vôtre)	
No. tél. résidence ou cell.	
Date de naissance	
No. d'assurance/de sécurité sociale	
Date de mariage	
No. du certificat de mariage	
Date du divorce	
Date du décès (si décédé.e)	

Nom complet – conjoint.e no. 3	
Adresse (si différente de la vôtre)	
No. tél. résidence ou cell.	
Date de naissance	
No. d'assurance/de sécurité sociale	
Date de mariage	
No. du certificat de mariage	
Date du divorce	
Date du décès (si décédé.e)	

Coordonnées des enfants

Fils ou fille no. 1	
Biologique, adopté.e, en famille d'accueil, beau-fils/fille	
Nom complet	
Adresse (si différente de la vôtre)	
No. tél. résidence ou cell.	
Date de naissance	
No. d'assurance/de sécurité sociale	
Date du décès (si décédé.e)	
Nom de l'autre parent	

Fils ou fille no. 2	
Biologique, adopté.e, en famille d'accueil, beau-fils/fille	
Nom complet	
Adresse (si différente de la vôtre)	
No. tél. résidence ou cell.	
Date de naissance	
No. d'assurance/de sécurité sociale	
Date du décès (si décédé.e)	
Nom de l'autre parent	

Fils ou fille no. 3	
Biologique, adopté.e, en famille d'accueil, beau-fils/fille	
Nom complet	
Adresse (si différente de la vôtre)	
No. tél. résidence ou cell.	
Date de naissance	
No. d'assurance/de sécurité sociale	
Date du décès (si décédé.e)	
Nom de l'autre parent	

Fils ou fille no. 4	
Biologique, adopté.e, en famille d'accueil, beau-fils/fille	
Nom complet	
Adresse (si différente de la vôtre)	
No. tél. résidence ou cell.	
Date de naissance	
No. d'assurance/de sécurité sociale	
Date du décès (si décédé.e)	
Nom de l'autre parent	

Fils ou fille no. 5	
Biologique, adopté.e, en famille d'accueil, beau-fils/fille	
Nom complet	
Adresse (si différente de la vôtre)	
No. tél. résidence ou cell.	
Date de naissance	
No. d'assurance/de sécurité sociale	
Date du décès (si décédé.e)	
Nom de l'autre parent	

Fils ou fille no. 6	
Biologique, adopté.e, en famille d'accueil, beau-fils/fille	
Nom complet	
Adresse (si différente de la vôtre)	
No. tél. résidence ou cell.	
Date de naissance	
No. d'assurance/de sécurité sociale	
Date du décès (si décédé.e)	
Nom de l'autre parent	

Fils ou fille no. 7	
Biologique, adopté.e, en famille d'accueil, beau-fils/fille	
Nom complet	
Adresse (si différente de la vôtre)	
No. tél. résidence ou cell.	
Date de naissance	
No. d'assurance/de sécurité sociale	
Date du décès (si décédé.e)	
Nom de l'autre parent	

Fils ou fille no. 8	
Biologique, adopté.e, en famille d'accueil, beau-fils/fille	
Nom complet	
Adresse (si différente de la vôtre)	
No. tél. résidence ou cell.	
Date de naissance	
No. d'assurance/de sécurité sociale	
Date du décès (si décédé.e)	
Nom de l'autre parent	

Coordonnées des parents/grands-parents

Nom complet de la mère	
Nom de jeune fille	
Adresse	
No. de tél. résidence ou cell.	
Date de naissance	
Lieu de naissance	
No. d'assurance/de sécurité sociale	
Date du décès (si décédée)	
Cause du décès (si décédée)	

Nom du père	
Adresse	
No. de tél. résidence ou cell.	
Date de naissance	
No. d'assurance/de sécurité sociale	
Date du décès (si décédé)	
Cause du décès (si décédé)	

Nom complet de la mère de ta mère	
Nom de jeune fille	
Adresse	
No. de tél. résidence ou cell.	
Date de naissance	
No. d'assurance/de sécurité sociale	
Date du décès (si décédée)	
Cause du décès (si décédée)	

Nom du père de ta mère	
Adresse	
No. de tél. résidence ou cell.	
Date de naissance	
No. d'assurance/de sécurité sociale	
Date du décès (si décédé)	
Cause du décès (si décédé)	

Nom de la mère de ton père	
Nom de jeune fille	
Adresse	
No. de tél. résidence ou cell.	
Date de naissance	
No. d'assurance/de sécurité sociale	
Date du décès (si décédée)	
Cause du décès (si décédée)	

Nom du père de ton père	
Adresse	
No. de tél. résidence ou cell.	
Date de naissance	
No. d'assurance/de sécurité sociale	
Date du décès (si décédé)	
Cause du décès (si décédé)	

Nom de la mère du/de la conjoint.e	
Nom de jeune fille	
Adresse	
No. de tél. résidence ou cell.	
Date de naissance	
No. d'assurance/de sécurité sociale	
Date du décès (si décédée)	
Cause du décès (si décédée)	

Nom du père du/de la conjoint.e	
Adresse	
No. de tél. résidence ou cell.	
Date de naissance	
No. d'assurance/de sécurité sociale	
Date du décès (si décédé)	
Cause du décès (si décédé)	

Autres renseignements

Coordonnées des petits-enfants

Petite-fille ou Petit-fils no. 1	
Nom complet	
Parents	
Adresse	
No. de tél. résidence ou cell.	
Date de naissance	
No. d'assurance/de sécurité sociale	
Date du décès (si décédé.e)	

Petite-fille ou Petit-fils no. 2	
Nom complet	
Parents	
Adresse	
No. de tél. résidence ou cell.	
Date de naissance	
No. d'assurance/de sécurité sociale	
Date du décès (si décédé.e)	

Petite-fille ou Petit-fils no. 3	
Nom complet	
Parents	
Adresse	
No. de tél. résidence ou cell.	
Date de naissance	
No. d'assurance/de sécurité sociale	
Date du décès (si décédé.e)	

Petite-fille ou Petit-fils no. 4	
Nom complet	
Parents	
Adresse	
No. de tél. résidence ou cell.	
Date de naissance	
No. d'assurance/de sécurité sociale	
Date du décès (si décédé.e)	

Petite-fille ou Petit-fils no. 5	
Nom complet	
Parents	
Adresse	
No. de tél. résidence ou cell.	
Date de naissance	
No. d'assurance/de sécurité sociale	
Date du décès (si décédé.e)	

Petite-fille ou Petit-fils no. 6	
Nom complet	
Parents	
Adresse	
No. de tél. résidence ou cell.	
Date de naissance	
No. d'assurance/de sécurité sociale	
Date du décès (si décédé.e)	

Petite-fille ou Petit-fils no. 7	
Nom complet	
Parents	
Adresse	
No. de tél. résidence ou cell.	
Date de naissance	
No. d'assurance/de sécurité sociale	
Date du décès (si décédé.e)	

Petite-fille ou Petit-fils no. 8	
Nom complet	
Parents	
Adresse	
No. de tél. résidence ou cell.	
Date de naissance	
No. d'assurance/de sécurité sociale	
Date du décès (si décédé.e)	

Petite-fille ou Petit-fils no. 9	
Nom complet	
Parents	
Adresse	
No. de tél. résidence ou cell.	
Date de naissance	
No. d'assurance/de sécurité sociale	
Date du décès (si décédé.e)	

Petite-fille ou Petit-fils no. 10	
Nom complet	
Parents	
Adresse	
No. de tél. résidence ou cell.	
Date de naissance	
No. d'assurance/de sécurité sociale	
Date du décès (si décédé.e)	

Petite-fille ou Petit-fils no. 11	
Nom complet	
Parents	
Adresse	
No. de tél. résidence ou cell.	
Date de naissance	
No. d'assurance/de sécurité sociale	
Date du décès (si décédé.e)	

Petite-fille ou Petit-fils no. 12	
Nom complet	
Parents	
Adresse	
No. de tél. résidence ou cell.	
Date de naissance	
No. d'assurance/de sécurité sociale	
Date du décès (si décédé.e)	

Coordonnées des frères et sœurs

Frère ou sœur no. 1	
Nom complet	
Adresse	
No. de tél. résidence ou cell.	
Date de naissance	
No. d'assurance/de sécurité sociale	
Date du décès (si décédé.e)	

Frère ou sœur no. 2	
Nom complet	
Adresse	
No. de tél. résidence ou cell.	
Date de naissance	
No. d'assurance/de sécurité sociale	
Date du décès (si décédé.e)	

Frère ou sœur no. 3	
Nom complet	
Adresse	
No. de tél. résidence ou cell.	
Date de naissance	
No. d'assurance/de sécurité sociale	
Date du décès (si décédé.e)	

Frère ou sœur no. 4	
Nom complet	
Adresse	
No. de tél. résidence ou cell.	
Date de naissance	
No. d'assurance/de sécurité sociale	
Date du décès (si décédé.e)	

Frère ou sœur no. 5	
Nom complet	
Adresse	
No. de tél. résidence ou cell.	
Date de naissance	
No. d'assurance/de sécurité sociale	
Date du décès (si décédé.e)	

Frère ou sœur no. 6	
Nom complet	
Adresse	
No. de tél. résidence ou cell.	
Date de naissance	
No. d'assurance/de sécurité sociale	
Date du décès (si décédé.e)	

Frère ou sœur no. 7	
Nom complet	
Adresse	
No. de tél. résidence ou cell.	
Date de naissance	
No. d'assurance/de sécurité sociale	
Date du décès (si décédé.e)	

Frère ou sœur no. 8	
Nom complet	
Adresse	
No. de tél. résidence ou cell.	
Date de naissance	
No. d'assurance/de sécurité sociale	
Date du décès (si décédé.e)	

Frère ou sœur no. 9	
Nom complet	
Adresse	
No. de tél. résidence ou cell.	
Date de naissance	
No. d'assurance/de sécurité sociale	
Date du décès (si décédé.e)	

Frère ou sœur no. 10	
Nom complet	
Adresse	
No. de tél. résidence ou cell.	
Date de naissance	
No. d'assurance/de sécurité sociale	
Date du décès (si décédé.e)	

Frère ou sœur no. 11	
Nom complet	
Adresse	
No. de tél. résidence ou cell.	
Date de naissance	
No. d'assurance/de sécurité sociale	
Date du décès (si décédé.e)	

Frère ou sœur no. 12	
Nom complet	
Adresse	
No. de tél. résidence ou cell.	
Date de naissance	
No. d'assurance/de sécurité sociale	
Date du décès (si décédé.e)	

Frère ou sœur no. 13	
Nom complet	
Adresse	
No. de tél. résidence ou cell.	
Date de naissance	
No. d'assurance/de sécurité sociale	
Date du décès (si décédé.e)	

Frère ou sœur no. 14	
Nom complet	
Adresse	
No. de tél. résidence ou cell.	
Date de naissance	
No. d'assurance/de sécurité sociale	
Date du décès (si décédé.e)	

Frère ou sœur no. 15	
Nom complet	
Adresse	
No. de tél. résidence ou cell.	
Date de naissance	
No. d'assurance/de sécurité sociale	
Date du décès (si décédé.e)	

Frère ou sœur no. 16	
Nom complet	
Adresse	
No. de tél. résidence ou cell.	
Date de naissance	
No. d'assurance/de sécurité sociale	
Date du décès (si décédé.e)	

Executor's Dream

CHAPITRE 2

DERNIÈRES VOLONTÉS

Dernières volontés et testament

Les termes « dernières volontés » et « testament » sont souvent utilisés de manière interchangeable. Ils désignent tous deux un document légal qui énonce les dernières volontés d'une personne en ce qui concerne la répartition des biens et des propriétés après le décès et souvent d'autres sujets, comme la tutelle des enfants mineurs.

Avez-vous un testament ?	
Emplacement de l'original	
Emplacement de la copie	
Date de la dernière mise à jour du testament	
Avocat/notaire – signé ?	

Procuration/Testament de vie

Une procuration est un document légal qui vous permet de nommer une ou plusieurs personnes qui agiront en votre nom dans le cas où vous seriez frappé par une incapacité quelconque. Ce document permet à ces personnes de prendre des décisions financières et des décisions en matière de soins de santé, telles que la capacité de consentir à donner, à refuser ou à arrêter des traitements médicaux, des services ou des procédures de diagnostic. Vous devriez également envisager de rédiger un testament de vie, qui est une déclaration écrite détaillant vos souhaits en matière de traitement médical au cas où vous deveniez incapable d'agir.

Avez-vous une procuration ou un testament de vie ?	
Emplacement de l'original Procuration/Testament de vie	
Emplacement de la copie Procuration/Testament de vie	
Avocat/notaire – signé ?	
Date à laquelle la procuration ou le testament de vie a été révisé.e	

NPR (ne pas réanimer)

Avez-vous une déclaration de NPR ?	
Emplacement de l'original NPR	
Emplacement de la copie NPR	
Avocat/notaire – signé ?	
Date de révision de la déclaration NPR	

Si je suis incapable de communiquer, mes souhaits sont :

Donneur d'organes ou de tissus

Un don d'organe consiste à prélever un organe (cœur, poumon, rein, etc.) sur une personne et à le transplanter dans une autre personne. Le don de tissus se produit lorsque des tissus du corps (peau, cornées, os, etc.) sont prélevés sur une personne et transplantés dans une autre personne.

Êtes-vous un donneur d'organes/tissus ?	
Si oui, où avez-vous enregistré cette décision ?	
-Testament et Testament de vie ?	
-Carte de don d'organes et/ou de tissus ?	
-Permis de conduire ?	
-Dossiers médicaux ?	
-Autres	

Groupe sanguin

Quel est votre groupe sanguin ?	

Préarrangements funéraires

Les arrangements funéraires sont le choix et le coût des marchandises, des installations, de l'équipement ou des services personnels fournis pour la disposition finale du corps dans le cadre de la formulation d'une entente contractuelle entre un entrepreneur de pompes funèbres ou un salon funéraire et le client.

Avez-vous fait des arrangements funéraires ?	
Les avez-vous payés en totalité ?	
Quel est le montant du dépôt ?	
Reste-t-il un solde dû ?	
Nom du salon funéraire	
Nom du directeur funéraire	
Adresse	
Numéro de téléphone	

Remarque : Si vous avez une police d'assurance pour les frais funéraires ou d'inhumation, veuillez les énumérer au chapitre 7 – Contrats et politiques.

Funérailles sans préarrangements

Si vous n'avez pas préarrangé vos funérailles, quels sont vos volontés ?

Nom du salon funéraire	
Nom du directeur funéraire	
Adresse	
Numéro de téléphone	

Voulez-vous que votre décès soit annoncé dans le journal ?	
Voulez-vous un service	
Si oui, où ? **Eglise? Salon funeraire?**	
lieu de service	
Nom d'un membre du clergé ?	
Souhaitez-vous être incinéré.e ?	

Voulez-vous un cercueil ou une urne ?	
Possédez-vous déjà votre cercueil ou votre urne ?	
Si oui, lieu de l'entreposage ?	
Si vous voulez un cercueil, voulez-vous qu'il soit ouvert lors de votre service funèbre ?	
Vêtements en particulier avec lesquels vous voudriez être enterré.e ?	
Voulez-vous des fleurs ?	
Personne spécifique pour lire votre eulogie ?	

Musiciens ou chansons spécifiques pour vos funérailles ?	
Organismes de bienfaisance en particulier auxquels vous aimeriez que les gens fassent des dons ?	
Avez-vous d'autres demandes spéciales ?	
Aimeriez-vous un rassemblement après les funérailles ?	
Si oui, y a-t-il des spécifications ?	
Lieu du rassemblement ? (p. ex. : centre communautaire local, maison, etc.)	
Adresse du lieu de rassemblement Localité	
Numéro de téléphone du lieu de rassemblement	
Avez-vous d'autres demandes en particulier ?	

Lieu de repos final/pierre tombale

Un lieu de repos final est un lieu permanent, sûr, sacré et public pour le placement d'un corps ou de restes incinérés. Il est généralement marqué par une plaque commémorative ou une pierre tombale portant le nom et la date de naissance et de décès de la personne qui a vécu.

Possédez-vous une parcelle de cimetière ?	
Emplacement	
Possédez-vous une place dans un columbarium ou autre emplacement pour vos cendres (incinération) ?	
Emplacement	
Avez-vous choisi votre pierre tombale ?	
Si oui, nom de l'entreprise	
Est-elle payée en totalité ?	
Montant du dépôt	
Reste-t-il un solde dû ?	
Avez-vous des demandes spéciales pour votre pierre tombale ?	
À quelle fréquence voulez-vous que des fleurs soient placées sur votre pierre tombale ? Annuellement ou plus souvent ?	

Veuillez également informer ces personnes de mon décès

Nom complet et numéro de téléphone

Petite amie/petit ami	
Nièce	
Nièce	
Nièce	
Nièce	
Nièce	
Nièce	
Nièce	
Nièce	
Nièce	
Nièce	
Nièce	
Nièce	
Nièce	
Nièce	
Nièce	
Nièce	
Nièce	
Neveu	
Neveu	
Neveu	
Neveu	
Neveu	
Neveu	
Neveu	
Neveu	
Neveu	
Neveu	
Neveu	
Neveu	
Neveu	
Neveu	
Neveu	

Nom complet et numéro de téléphone

Neveu	
Neveu	
Neveu	
Neveu	
Neveu	
Tante	
Tante	
Tante	
Tante	
Tante	
Tante	
Tante	
Tante	
Tante	
Oncle	
Oncle	
Oncle	
Oncle	
Oncle	
Oncle	
Oncle	
Oncle	
Cousin.e	
Cousin.e	
Cousin.e	
Cousin.e	
Cousin.e	
Cousin.e	
Cousin.e	
Cousin.e	
Cousin.e	
Cousin.e	
Cousin.e	
Cousin.e	

Nom complet et numéro de téléphone

Cousin.e	
Cousin.e	
Cousin.e	
Cousin.e	
Cousin.e	
Cousin.e	
Cousin.e	
Cousin.e	
Cousin.e	
Cousin.e	
Cousin.e	
Cousin.e	
Cousin.e	
Cousin.e	
Cousin.e	
Cousin.e	
Cousin.e	
Cousin.e	
Cousin.e	
Cousin.e	
Cousin.e	
Cousin.e	
Cousin.e	
Cousin.e	
Ami.e	
Ami.e	
Ami.e	
Ami.e	
Ami.e	
Ami.e	
Ami.e	
Ami.e	
Ami.e	
Ami.e	
Ami.e	

Nom complet et numéro de téléphone

Ami.e	
Ami.e	
Ami.e	
Ami.e	
Ami.e	
Ami.e	
Ami.e	
Ami.e	
Ami.e	
Ami.e	
Ami.e	
Ami.e	
Ami.e	
Ami.e	
Ami.e	
Ami.e	
Ami.e	
Ami.e	
Ami.e	
Ami.e	
Ami.e	
Ami.e	
Ami.e	
Ami.e	
Ami.e	
Ami.e	
Ami.e	
Ami.e	
Ami.e	
Ami.e	
Ami.e	
Ami.e	
Ami.e	
Ami.e	

Nom complet et numéro de téléphone

Ami.e	
Ami.e	
Ami.e	
Ami.e	
Ami.e	
Ami.e	
Ami.e	
Ami.e	
Ami.e	
Ami.e	
Ami.e	
Ami.e	
Ami.e	
Ami.e	
Ami.e	
Ami.e	
Ami.e	
Ami.e	
Ami.e	
Ami.e	
Ami.e	
Ami.e	
Ami.e	
Ami.e	
Ami.e	
Ami.e	
Ami.e	
Ami.e	
Ami.e	
Ami.e	
Ami.e	
Ami.e	
Ami.e	

Nom complet et numéro de téléphone

Voisin.e	
Voisin.e	
Voisin.e	
Voisin.e	
Voisin.e	
Voisin.e	
Voisin.e	
Voisin.e	
Voisin.e	
Voisin.e	
Voisin.e	
Voisin.e	
Voisin.e	
Voisin.e	
Voisin.e	
Voisin.e	
Voisin.e	
Voisin.e	
Collègue	
Collègue	
Collègue	
Collègue	
Collègue	
Collègue	
Collègue	
Collègue	
Collègue	
Collègue	
Collègue	
Collègue	
Collègue	
Collègue	
Collègue	

Nom complet et numéro de téléphone

Autre	
Autre	
Autre	
Autre	
Autre	
Autre	
Autre	
Autre	
Autre	
Autre	
Autre	
Autre	
Autre	
Autre	
Autre	
Autre	
Autre	
Autre	
Autre	
Autre	
Autre	
Autre	
Thérapeute	
Thérapeute	
Service de soins infirmiers	
Service de soins infirmiers	
Hôpital, clinique médicale	
Hôpital, clinique médicale	
Autres services médicaux	
Propriétaire	
Banque/caisse populaire – Hypothèque	
Banque/caisse populaire – Compte.s épargne	

	Nom complet et numéro de téléphone
Banque/caisse populaire – Compte.s chèque	
Banque/caisse populaire-Autre	
Banque/caisse populaire-Autre	
Courtier d'assurance (santé)	
Courtier d'assurance (maison et auto)	
Courtier d'assurance (assurance vie)	
Église	
Livraison de repas à domicile	
Organismes bénévoles	
Organismes bénévoles	
Organismes bénévoles	
Organismes bénévoles	
Centre de conditionnement physique	
Coiffeur.euse	
Pharmacie	
Service de nettoyage	
Livraison de journaux	

En plus des articles énumérés dans mes dernières volontés et dans mon testament, j'aimerais que ces articles soient laissés aux personnes suivantes : (Exemples : bijoux, œuvres d'art, etc.)

Liste des articles	Personne à qui j'en fais don

J'aimerais que les renseignements suivants figurent dans mon avis de décès :

Executor's Dream

CHAPITRE 3

VOLONTÉS DU TUTEUR LÉGAL

Tutelle Legale

Les tuteurs que vous avez choisis doivent être inscrits dans vos dernières volontés et dans votre testament. Il est préférable d'approcher les personnes que vous souhaitez désigner comme tuteurs avant de le faire, afin de savoir si elles sont disposées et capables d'assumer cette responsabilité. Un tuteur légal, ou curateur, est un adulte qui a l'autorité légale de s'occuper d'un enfant si les parents naturels meurent avant que l'enfant n'atteigne l'âge adulte.

Si vous n'avez pas légalement désigné un tuteur pour vos enfants, prenez rendez-vous avec votre avocat dès que possible et faites-le.

Nom de l'enfant no. 1	
Homme ou femme	
Date de naissance	
Nom du tuteur choisi	
No. de tél. du tuteur	
Adresse courriel du tuteur	
Adresse du tuteur	

Nom de l'enfant no. 2	
Homme ou femme	
Date de naissance	
Nom du tuteur choisi	
No. de tél. du tuteur	
Adresse courriel du tuteur	
Adresse du tuteur	

Nom de l'enfant no. 3	
Homme ou femme	
Date de naissance	
Nom du tuteur choisi	
No. de tél. du tuteur	
Adresse courriel du tuteur	
Adresse du tuteur	

Nom de l'enfant no. 4	
Homme ou femme	
Date de naissance	
Nom du tuteur choisi	
No. de tél. du tuteur	
Adresse courriel du tuteur	
Adresse du tuteur	

Nom de l'enfant no. 5	
Homme ou femme	
Date de naissance	
Nom du tuteur choisi	
No. de tél. du tuteur	
Adresse courriel du tuteur	
Adresse du tuteur	

Nom de l'enfant no. 6	
Homme ou femme	
Date de naissance	
Nom du tuteur choisi	
No. de tél. du tuteur	
Adresse courriel du tuteur	
Adresse du tuteur	

Nom de l'enfant no. 7	
Homme ou femme	
Date de naissance	
Nom du tuteur choisi	
No. de tél. du tuteur	
Adresse courriel du tuteur	
Adresse du tuteur	

Nom de l'enfant no. 8	
Homme ou femme	
Date de naissance	
Nom du tuteur choisi	
No. de tél. du tuteur	
Adresse courriel du tuteur	
Adresse du tuteur	

Nom de l'enfant no. 9	
Homme ou femme	
Date de naissance	
Nom du tuteur choisi	
No. de tél. du tuteur	
Adresse courriel du tuteur	
Adresse du tuteur	

Nom de l'enfant no. 10	
Homme ou femme	
Date de naissance	
Nom du tuteur choisi	
No. de tél. du tuteur	
Adresse courriel du tuteur	
Adresse du tuteur	

Nom de l'enfant no. 11	
Homme ou femme	
Date de naissance	
Nom du tuteur choisi	
No. de tél. du tuteur	
Adresse courriel du tuteur	
Adresse du tuteur	

Nom de l'enfant no. 12	
Homme ou femme	
Date de naissance	
Nom du tuteur choisi	
No. de tél. du tuteur	
Adresse courriel du tuteur	
Adresse du tuteur	

Nom de l'enfant no. 13	
Homme ou femme	
Date de naissance	
Nom du tuteur choisi	
No. de tél. du tuteur	
Adresse courriel du tuteur	
Adresse du tuteur	

Nom de l'enfant no. 14	
Homme ou femme	
Date de naissance	
Nom du tuteur choisi	
No. de tél. du tuteur	
Adresse courriel du tuteur	
Adresse du tuteur	

CHAPITRE 4

FINANCES
ET DETTES

Qu'arrive-t-il à vos dettes et à vos finances après votre décès ?

Après le décès d'une personne, il appartient à l'exécuteur testamentaire de régler les DETTES. Il est responsable de rembourser les DETTES en utilisant des fonds de la succession. Une fois toutes les DETTES payées, ainsi que les impôts dus, les ACTIFS peuvent être hérités par les bénéficiaires choisis.

Il est très important d'énumérer toutes les DETTES et tous les ACTIFS dans ce chapitre pour aider votre exécuteur à accomplir ses tâches. Il est également très important de tenir cette information à jour.

Comptes bancaires

Nom de la banque no. 1	
No. de compte	
No. de succursale	
Type de compte	
Adresse	
Votre représentant	
No. de téléphone	
Courriel	
Site web	
Nom du titulaire du compte conjoint	
No.de tél. du titulaire du compte conjoint	
Adresse du titulaire du compte conjoint	
Emplacement du livret bancaire ou de la carte d'accès	
Nom d'utilisateur	
Mot de passe	
Questions de sécurité/Réponses	

Nom de la banque no. 2	
No. de compte	
No. de succursale	
Type de compte	
Adresse	
Votre représentant	
No. de téléphone	
Courriel	
Site web	
Nom du titulaire du compte conjoint	
No.de tél. du titulaire du compte conjoint	
Adresse du titulaire du compte conjoint	
Emplacement du livret bancaire ou de la carte d'accès	
Nom d'utilisateur	
Mot de passe	
Questions de sécurité/Réponses	

Nom de la banque no. 3	
No. de compte	
No. de succursale	
Type de compte	
Adresse	
Votre représentant	
No. de téléphone	
Courriel	
Site web	
Nom du titulaire du compte conjoint	
No.de tél. du titulaire du compte conjoint	
Adresse du titulaire du compte conjoint	
Emplacement du livret bancaire ou de la carte d'accès	
Nom d'utilisateur	
Mot de passe	
Questions de sécurité/Réponses	

Nom de la banque no. 4	
No. de compte	
No. de succursale	
Type de compte	
Adresse	
Votre représentant	
No. de téléphone	
Courriel	
Site web	
Nom du titulaire du compte conjoint	
No.de tél. du titulaire du compte conjoint	
Adresse du titulaire du compte conjoint	
Emplacement du livret bancaire ou de la carte d'accès	
Nom d'utilisateur	
Mot de passe	
Questions de sécurité/Réponses	

Nom de la banque no. 5	
No. de compte	
No. de succursale	
Type de compte	
Adresse	
Votre représentant	
No. de téléphone	
Courriel	
Site web	
Nom du titulaire du compte conjoint	
No.de tél. du titulaire du compte conjoint	
Adresse du titulaire du compte conjoint	
Emplacement du livret bancaire ou de la carte d'accès	
Nom d'utilisateur	
Mot de passe	
Questions de sécurité/Réponses	

Nom de la banque no. 6	
No. de compte	
No. de succursale	
Type de compte	
Adresse	
Votre représentant	
No. de téléphone	
Courriel	
Site web	
Nom du titulaire du compte conjoint	
No.de tél. du titulaire du compte conjoint	
Adresse du titulaire du compte conjoint	
Emplacement du livret bancaire ou de la carte d'accès	
Nom d'utilisateur	
Mot de passe	
Questions de sécurité/Réponses	

Nom de la banque no. 7	
No. de compte	
No. de succursale	
Type de compte	
Adresse	
Votre représentant	
No. de téléphone	
Courriel	
Site web	
Nom du titulaire du compte conjoint	
No.de tél. du titulaire du compte conjoint	
Adresse du titulaire du compte conjoint	
Emplacement du livret bancaire ou de la carte d'accès	
Nom d'utilisateur	
Mot de passe	
Questions de sécurité/Réponses	

Coffret de sûreté no. 1

Type de coffret	
Nom de la banque	
Adresse de la banque	
No. du coffret	
Nom pour le coffret	
Emplacement de la clé	
Mot de passe ou questions de sécurité	

Coffret de sûreté no. 2

Type de coffret	
Nom de la banque	
Adresse de la banque	
No. du coffret	
Nom pour le coffret	
Emplacement de la clé	
Mot de passe ou questions de sécurité	

Coffret de sûreté no. 3

Type de coffret	
Nom de la banque	
Adresse de la banque	
No. du coffret	
Nom pour le coffret	
Emplacement de la clé	
Mot de passe ou questions de sécurité	

Cryptomonnaie (argent numérique)

Les cryptomonnaies sont comme de l'argent numérique. Certaines personnes les utilisent pour faire des achats de façon anonyme et d'autres les conservent, en espérant que leur valeur augmentera.

Type de devise (Bitcoin, Ethereum, etc.)	
No. de compte	
Mot de passe	
No. du portefeuille	
Mot de passe	
Site web	
Nom d'utilisateur	
Mot de passe	
Questions de sécurité/Réponses	
Autres renseignements requis	

Type de devise (Bitcoin, Ethereum, etc.)	
No. de compte	
Mot de passe	
No. du portefeuille	
Mot de passe	
Site web	
Nom d'utilisateur	
Mot de passe	
Questions de sécurité/Réponses	
Autres renseignements requis	

Type de devise (Bitcoin, Ethereum, etc.)	
No. de compte	
Mot de passe	
No. du portefeuille	
Mot de passe	
Site web	
Nom d'utilisateur	
Mot de passe	
Questions de sécurité/Réponses	
Autres renseignements requis	

Type de devise (Bitcoin, Ethereum, etc.)	
No. de compte	
Mot de passe	
No. du portefeuille	
Mot de passe	
Site web	
Nom d'utilisateur	
Mot de passe	
Questions de sécurité/Réponses	
Autres renseignements requis	

Type de devise (Bitcoin, Ethereum, etc.)	
No. de compte	
Mot de passe	
No. du portefeuille	
Mot de passe	
Site web	
Nom d'utilisateur	
Mot de passe	
Questions de sécurité/Réponses	
Autres renseignements requis	

Type de devise (Bitcoin, Ethereum, etc.)	
No. de compte	
Mot de passe	
No. du portefeuille	
Mot de passe	
Site web	
Nom d'utilisateur	
Mot de passe	
Questions de sécurité/Réponses	
Autres renseignements requis	

Type de devise (Bitcoin, Ethereum, etc.)	
No. de compte	
Mot de passe	
No. du portefeuille	
Mot de passe	
Site web	
Nom d'utilisateur	
Mot de passe	
Questions de sécurité/Réponses	
Autres renseignements requis	

Type de devise (Bitcoin, Ethereum, etc.)	
No. de compte	
Mot de passe	
No. du portefeuille	
Mot de passe	
Site web	
Nom d'utilisateur	
Mot de passe	
Questions de sécurité/Réponses	
Autres renseignements requis	

Type de devise (Bitcoin, Ethereum, etc.)	
No. de compte	
Mot de passe	
No. du portefeuille	
Mot de passe	
Site web	
Nom d'utilisateur	
Mot de passe	
Questions de sécurité/Réponses	
Autres renseignements requis	

Type de devise (Bitcoin, Ethereum, etc.)	
No. de compte	
Mot de passe	
No. du portefeuille	
Mot de passe	
Site web	
Nom d'utilisateur	
Mot de passe	
Questions de sécurité/Réponses	
Autres renseignements requis	

Type de devise (Bitcoin, Ethereum, etc.)	
No. de compte	
Mot de passe	
No. du portefeuille	
Mot de passe	
Site web	
Nom d'utilisateur	
Mot de passe	
Questions de sécurité/Réponses	
Autres renseignements requis	

Type de devise (Bitcoin, Ethereum, etc.)	
No. de compte	
Mot de passe	
No. du portefeuille	
Mot de passe	
Site web	
Nom d'utilisateur	
Mot de passe	
Questions de sécurité/Réponses	
Autres renseignements requis	

Comptes bancaires à l'étranger

Un compte bancaire à l'étranger, ou outre-mer, est un compte que vous détenez dans un pays où vous ne résidez pas. Ce type de compte vous permet de faire et de recevoir des paiements, de conserver de l'argent et d'établir des comptes d'épargne et de placement dans plusieurs devises.

Nom de la banque no. 1	
No. de compte	
No. de succursale	
Type de compte	
Adresse	
Votre représentant	
No. de téléphone	
Courriel	
Site web	
Emplacement du livret bancaire ou de la carte d'accès	
Nom d'utilisateur	
Mot de passe	
Questions de sécurité/Réponses	

Nom de la banque no. 2	
No. de compte	
No. de succursale	
Type de compte	
Adresse	
Votre représentant	
No. de téléphone	
Courriel	
Site web	
Emplacement du livret bancaire ou de la carte d'accès	
Nom d'utilisateur	
Mot de passe	
Questions de sécurité/Réponses	

Nom de la banque no. 3	
No. de compte	
No. de succursale	
Type de compte	
Adresse	
Votre représentant	
No. de téléphone	
Courriel	
Site web	
Emplacement du livret bancaire ou de la carte d'accès	
Nom d'utilisateur	
Mot de passe	
Questions de sécurité/Réponses	

Nom de la banque no. 4	
No. de compte	
No. de succursale	
Type de compte	
Adresse	
Votre représentant	
No. de téléphone	
Courriel	
Site web	
Emplacement du livret bancaire ou de la carte d'accès	
Nom d'utilisateur	
Mot de passe	
Questions de sécurité/Réponses	

Nom de la banque no. 5	
No. de compte	
No. de succursale	
Type de compte	
Adresse	
Votre représentant	
No. de téléphone	
Courriel	
Site web	
Emplacement du livret bancaire ou de la carte d'accès	
Nom d'utilisateur	
Mot de passe	
Questions de sécurité/Réponses	

Nom de la banque no. 6	
No. de compte	
No. de succursale	
Type de compte	
Adresse	
Votre représentant	
No. de téléphone	
Courriel	
Site web	
Emplacement du livret bancaire ou de la carte d'accès	
Nom d'utilisateur	
Mot de passe	
Questions de sécurité/Réponses	

Nom de la banque no. 7	
No. de compte	
No. de succursale	
Type de compte	
Adresse	
Votre représentant	
No. de téléphone	
Courriel	
Site web	
Emplacement du livret bancaire ou de la carte d'accès	
Nom d'utilisateur	
Mot de passe	
Questions de sécurité/Réponses	

Marge de crédit

Une marge de crédit est une limite d'emprunt préétablie qui peut être utilisée en tout temps. L'emprunteur peut retirer de l'argent au besoin jusqu'à ce que la limite soit atteinte et, à mesure que l'argent est remboursé, il peut être emprunté à nouveau dans le cas d'une marge de crédit ouverte.

Nom de la banque no. 1	
No. de compte	
No. de succursale	
Type de compte	
Adresse	
Votre représentant	
No. de téléphone	
Courriel	
Site web	
Nom du titulaire du compte conjoint	
No. de tél. du titulaire du compte conjoint	
Adresse du titulaire du compte conjoint	
Emplacement du livret bancaire ou de la carte d'accès	
Nom d'utilisateur	
Mot de passe	
Questions de sécurité/Réponses	

Nom de la banque no. 2	
No. de compte	
No. de succursale	
Type de compte	
Adresse	
Votre représentant	
No. de téléphone	
Courriel	
Site web	
Nom du titulaire du compte conjoint	
No. de tél. du titulaire du compte conjoint	
Adresse du titulaire du compte conjoint	
Emplacement du livret bancaire ou de la carte d'accès	
Nom d'utilisateur	
Mot de passe	
Questions de sécurité/Réponses	

Nom de la banque no. 3	
No. de compte	
No. de succursale	
Type de compte	
Adresse	
Votre représentant	
No. de téléphone	
Courriel	
Site web	
Nom du titulaire du compte conjoint	
No. de tél. du titulaire du compte conjoint	
Adresse du titulaire du compte conjoint	
Emplacement du livret bancaire ou de la carte d'accès	
Nom d'utilisateur	
Mot de passe	
Questions de sécurité/Réponses	

Nom de la banque no. 4	
No. de compte	
No. de succursale	
Type de compte	
Adresse	
Votre représentant	
No. de téléphone	
Courriel	
Site web	
Nom du titulaire du compte conjoint	
No. de tél. du titulaire du compte conjoint	
Adresse du titulaire du compte conjoint	
Emplacement du livret bancaire ou de la carte d'accès	
Nom d'utilisateur	
Mot de passe	
Questions de sécurité/Réponses	

Nom de la banque no. 5	
No. de compte	
No. de succursale	
Type de compte	
Adresse	
Votre représentant	
No. de téléphone	
Courriel	
Site web	
Nom du titulaire du compte conjoint	
No. de tél. du titulaire du compte conjoint	
Adresse du titulaire du compte conjoint	
Emplacement du livret bancaire ou de la carte d'accès	
Nom d'utilisateur	
Mot de passe	
Questions de sécurité/Réponses	

Cartes de crédit ou de débit

Une carte de crédit ou de débit est émise par une institution financière, habituellement une banque, et permet au titulaire de la carte d'emprunter ou de retirer des fonds de cette institution.

Type de carte no. 1 (Visa, Débit, etc.)	
Banque émettrice	
Nom sur la carte	
Numéro de la carte	
No. d'identification/de sécurité de la carte (NIC) (au dos de la carte)	
Date d'expiration	
Nom d'utilisateur	
Mot de passe	
Questions de sécurité/Réponses	
Code ID personnel (Pin)	
No. de tél. du service à la clientèle	

Type de carte no. 2 (Visa, Débit, etc.)	
Banque émettrice	
Nom sur la carte	
Numéro de la carte	
No. d'identification/de sécurité de la carte (NIC) (au dos de la carte)	
Date d'expiration	
Nom d'utilisateur	
Mot de passe	
Questions de sécurité/Réponses	
Code ID personnel (Pin)	
No. de tél. du service à la clientèle	

Type de carte no. 3 (Visa, Débit, etc.)	
Banque émettrice	
Nom sur la carte	
Numéro de la carte	
No. d'identification/de sécurité de la carte (NIC) (au dos de la carte)	
Date d'expiration	
Nom d'utilisateur	
Mot de passe	
Questions de sécurité/Réponses	
Code ID personnel (Pin)	
No. de tél. du service à la clientèle	

Type de carte no. 4 (Visa, Débit, etc.)	
Banque émettrice	
Nom sur la carte	
Numéro de la carte	
No. d'identification/de sécurité de la carte (NIC) (au dos de la carte)	
Date d'expiration	
Nom d'utilisateur	
Mot de passe	
Questions de sécurité/Réponses	
Code ID personnel (Pin)	
No. de tél. du service à la clientèle	

Type de carte no. 5 (Visa, Débit, etc.)	
Banque émettrice	
Nom sur la carte	
Numéro de la carte	
No. d'identification/de sécurité de la carte (NIC) (au dos de la carte)	
Date d'expiration	
Nom d'utilisateur	
Mot de passe	
Questions de sécurité/Réponses	
Code ID personnel (Pin)	
No. de tél. du service à la clientèle	

Type de carte no. 6 (Visa, Débit, etc.)	
Banque émettrice	
Nom sur la carte	
Numéro de la carte	
No. d'identification/de sécurité de la carte (NIC) (au dos de la carte)	
Date d'expiration	
Nom d'utilisateur	
Mot de passe	
Questions de sécurité/Réponses	
Code ID personnel (Pin)	
No. de tél. du service à la clientèle	

Type de carte no. 7 (Visa, Débit, etc.)	
Banque émettrice	
Nom sur la carte	
Numéro de la carte	
No. d'identification/de sécurité de la carte (NIC) (au dos de la carte)	
Date d'expiration	
Nom d'utilisateur	
Mot de passe	
Questions de sécurité/Réponses	
Code ID personnel (Pin)	
No. de tél. du service à la clientèle	

Type de carte no. 8 (Visa, Débit, etc.)	
Banque émettrice	
Nom sur la carte	
Numéro de la carte	
No. d'identification/de sécurité de la carte (NIC) (au dos de la carte)	
Date d'expiration	
Nom d'utilisateur	
Mot de passe	
Questions de sécurité/Réponses	
Code ID personnel (Pin)	
No. de tél. du service à la clientèle	

Type de carte no. 9 (Visa, Débit, etc.)	
Banque émettrice	
Nom sur la carte	
Numéro de la carte	
No. d'identification/de sécurité de la carte (NIC) (au dos de la carte)	
Date d'expiration	
Nom d'utilisateur	
Mot de passe	
Questions de sécurité/Réponses	
Code ID personnel (Pin)	
No. de tél. du service à la clientèle	

Type de carte no. 10 (Visa, Débit, etc.)	
Banque émettrice	
Nom sur la carte	
Numéro de la carte	
No. d'identification/de sécurité de la carte (NIC) (au dos de la carte)	
Date d'expiration	
Nom d'utilisateur	
Mot de passe	
Questions de sécurité/Réponses	
Code ID personnel (Pin)	
No. de tél. du service à la clientèle	

Type de carte no. 11 (Visa, Débit, etc.)	
Banque émettrice	
Nom sur la carte	
Numéro de la carte	
No. d'identification/de sécurité de la carte (NIC) (au dos de la carte)	
Date d'expiration	
Nom d'utilisateur	
Mot de passe	
Questions de sécurité/Réponses	
Code ID personnel (Pin)	
No. de tél. du service à la clientèle	

Type de carte no. 12 (Visa, Débit, etc.)	
Banque émettrice	
Nom sur la carte	
Numéro de la carte	
No. d'identification/de sécurité de la carte (NIC) (au dos de la carte)	
Date d'expiration	
Nom d'utilisateur	
Mot de passe	
Questions de sécurité/Réponses	
Code ID personnel (Pin)	
No. de tél. du service à la clientèle	

Prêt personnel-Argent que quelqu'un VOUS DOIT

Nom du titulaire de prêt no. 1	
Adresse	
Raison du prêt	
Montant du prêt $	
Contrat de remboursement du prêt/Emplacement	
Montant à payer/Date limite	
Prêt annulé à votre décès ?	

Nom du titulaire de prêt no. 2	
Adresse	
Raison du prêt	
Montant du prêt $	
Contrat de remboursement du prêt/Emplacement	
Montant à payer/Date limite	
Prêt annulé à votre décès ?	

Nom du titulaire de prêt no. 3	
Adresse	
Raison du prêt	
Montant du prêt $	
Contrat de remboursement du prêt/Emplacement	
Montant à payer/Date limite	
Prêt annulé à votre décès ?	

Nom du titulaire de prêt no. 4	
Adresse	
Raison du prêt	
Montant du prêt $	
Contrat de remboursement du prêt/Emplacement	
Montant à payer/Date limite	
Prêt annulé à votre décès ?	

Nom du titulaire de prêt no. 5	
Adresse	
Raison du prêt	
Montant du prêt $	
Contrat de remboursement du prêt/Emplacement	
Montant à payer/Date limite	
Prêt annulé à votre décès ?	

Nom du titulaire de prêt no. 6	
Adresse	
Raison du prêt	
Montant du prêt $	
Contrat de remboursement du prêt/Emplacement	
Montant à payer/Date limite	
Prêt annulé à votre décès ?	

Nom du titulaire de prêt no. 7	
Adresse	
Raison du prêt	
Montant du prêt $	
Contrat de remboursement du prêt/Emplacement	
Montant à payer/Date limite	
Prêt annulé à votre décès ?	

Nom du titulaire de prêt no. 8	
Adresse	
Raison du prêt	
Montant du prêt $	
Contrat de remboursement du prêt/Emplacement	
Montant à payer/Date limite	
Prêt annulé à votre décès ?	

Nom du titulaire de prêt no. 9	
Adresse	
Raison du prêt	
Montant du prêt $	
Contrat de remboursement du prêt/Emplacement	
Montant à payer/Date limite	
Prêt annulé à votre décès ?	

Prêt personnel-Argent emprunté-VOUS LEUR DEVEZ

Nom du titulaire de prêt no. 1	
Adresse	
Raison du prêt	
Montant du prêt $	
Contrat de remboursement du prêt/Emplacement	
Montant à payer/Date limite	
Prêt annulé à votre décès ?	

Nom du titulaire de prêt no. 2	
Adresse	
Raison du prêt	
Montant du prêt $	
Contrat de remboursement du prêt/Emplacement	
Montant à payer/Date limite	
Prêt annulé à votre décès ?	

Nom du titulaire de prêt no. 3	
Adresse	
Raison du prêt	
Montant du prêt $	
Contrat de remboursement du prêt/Emplacement	
Montant à payer/Date limite	
Prêt annulé à votre décès ?	

Nom du titulaire de prêt no. 4	
Adresse	
Raison du prêt	
Montant du prêt $	
Contrat de remboursement du prêt/Emplacement	
Montant à payer/Date limite	
Prêt annulé à votre décès ?	

Nom du titulaire de prêt no. 5	
Adresse	
Raison du prêt	
Montant du prêt $	
Contrat de remboursement du prêt/Emplacement	
Montant à payer/Date limite	
Prêt annulé à votre décès ?	

Nom du titulaire de prêt no. 6	
Adresse	
Raison du prêt	
Montant du prêt $	
Contrat de remboursement du prêt/Emplacement	
Montant à payer/Date limite	
Prêt annulé à votre décès ?	

Nom du titulaire de prêt no. 7	
Adresse	
Raison du prêt	
Montant du prêt $	
Contrat de remboursement du prêt/Emplacement	
Montant à payer/Date limite	
Prêt annulé à votre décès ?	

Nom du titulaire de prêt no. 8	
Adresse	
Raison du prêt	
Montant du prêt $	
Contrat de remboursement du prêt/Emplacement	
Montant à payer/Date limite	
Prêt annulé à votre décès ?	

Nom du titulaire de prêt no. 9	
Adresse	
Raison du prêt	
Montant du prêt $	
Contrat de remboursement du prêt/Emplacement	
Montant à payer/Date limite	
Prêt annulé à votre décès ?	

Prêts étudiants

Nom de la banque/créancier no. 1	
No. de compte	
No. de succursale	
Adresse	
Votre représentant	
No. de téléphone	
Courriel	
Site web	
Nom d'utilisateur	
Mot de passe	
Questions de sécurité/Réponses	

Nom de la banque/créancier no. 2	
No. de compte	
No. de succursale	
Adresse	
Votre représentant	
No. de téléphone	
Courriel	
Site web	
Nom d'utilisateur	
Mot de passe	
Questions de sécurité/Réponses	

Nom de la banque/créancier no. 3	
No. de compte	
No. de succursale	
Adresse	
Votre représentant	
No. de téléphone	
Courriel	
Site web	
Nom d'utilisateur	
Mot de passe	
Questions de sécurité/Réponses	

Nom de la banque/créancier no. 4	
No. de compte	
No. de succursale	
Adresse	
Votre représentant	
No. de téléphone	
Courriel	
Site web	
Nom d'utilisateur	
Mot de passe	
Questions de sécurité/Réponses	

Nom de la banque/créancier no. 5	
No. de compte	
No. de succursale	
Adresse	
Votre représentant	
No. de téléphone	
Courriel	
Site web	
Nom d'utilisateur	
Mot de passe	
Questions de sécurité/Réponses	

Nom de la banque/créancier no. 6	
No. de compte	
No. de succursale	
Adresse	
Votre représentant	
No. de téléphone	
Courriel	
Site web	
Nom d'utilisateur	
Mot de passe	
Questions de sécurité/Réponses	

Autres revenus ou dettes-à l'exclusion des placements ou des biens

Executor's
Dream

CHAPITRE 5

CARTES
DE FIDÉLITÉ

Cartes de fidélité

Les programmes de fidélisation, parrainés par des détaillants et d'autres entreprises, offrent des récompenses, des rabais et d'autres incitatifs spéciaux pour attirer et fidéliser les clients. Ils sont conçus pour encourager les clients à revenir, en leur offrant une récompense pour leur fidélité envers le magasin ou la marque. Ces programmes sont offerts par divers détaillants ou entreprises tels les hôtels, les compagnies aériennes et les restaurants, entre autres. Les programmes Aéroplan et Air Miles sont des exemples plus particulièrement offerts au Canada.

Carte de fidélité – Entreprise no. 1	
No. de compte	
Site Web pour échanger	
Nom d'utilisateur	
Mot de passe	
Code ID personnel (Pin)	
Questions de sécurité/Réponses	

Carte de fidélité – Entreprise no. 2	
No. de compte	
Site Web pour échanger	
Nom d'utilisateur	
Mot de passe	
Code ID personnel (Pin)	
Questions de sécurité/Réponses	

Carte de fidélité – Entreprise no. 3	
No. de compte	
Site Web pour échanger	
Nom d'utilisateur	
Mot de passe	
Code ID personnel (Pin)	
Questions de sécurité/Réponses	

Carte de fidélité – Entreprise no. 4	
No. de compte	
Site Web pour échanger	
Nom d'utilisateur	
Mot de passe	
Code ID personnel (Pin)	
Questions de sécurité/Réponses	

Carte de fidélité – Entreprise no. 5	
No. de compte	
Site Web pour échanger	
Nom d'utilisateur	
Mot de passe	
Code ID personnel (Pin)	
Questions de sécurité/Réponses	

Carte de fidélité – Entreprise no. 6	
No. de compte	
Site Web pour échanger	
Nom d'utilisateur	
Mot de passe	
Code ID personnel (Pin)	
Questions de sécurité/Réponses	

Carte de fidélité – Entreprise no. 7	
No. de compte	
Site Web pour échanger	
Nom d'utilisateur	
Mot de passe	
Code ID personnel (Pin)	
Questions de sécurité/Réponses	

Carte de fidélité – Entreprise no. 8	
No. de compte	
Site Web pour échanger	
Nom d'utilisateur	
Mot de passe	
Code ID personnel (Pin)	
Questions de sécurité/Réponses	

Carte de fidélité – Entreprise no. 9	
No. de compte	
Site Web pour échanger	
Nom d'utilisateur	
Mot de passe	
Code ID personnel (Pin)	
Questions de sécurité/Réponses	

Carte de fidélité – Entreprise no. 10	
No. de compte	
Site Web pour échanger	
Nom d'utilisateur	
Mot de passe	
Code ID personnel (Pin)	
Questions de sécurité/Réponses	

Carte de fidélité – Entreprise no. 11	
No. de compte	
Site Web pour échanger	
Nom d'utilisateur	
Mot de passe	
Code ID personnel (Pin)	
Questions de sécurité/Réponses	

Carte de fidélité – Entreprise no. 12	
No. de compte	
Site Web pour échanger	
Nom d'utilisateur	
Mot de passe	
Code ID personnel (Pin)	
Questions de sécurité/Réponses	

Carte de fidélité – Entreprise no. 13	
No. de compte	
Site Web pour échanger	
Nom d'utilisateur	
Mot de passe	
Code ID personnel (Pin)	
Questions de sécurité/Réponses	

Carte de fidélité – Entreprise no. 14	
No. de compte	
Site Web pour échanger	
Nom d'utilisateur	
Mot de passe	
Code ID personnel (Pin)	
Questions de sécurité/Réponses	

Carte de fidélité – Entreprise no. 15	
No. de compte	
Site Web pour échanger	
Nom d'utilisateur	
Mot de passe	
Code ID personnel (Pin)	
Questions de sécurité/Réponses	

Carte de fidélité – Entreprise no. 16	
No. de compte	
Site Web pour échanger	
Nom d'utilisateur	
Mot de passe	
Code ID personnel (Pin)	
Questions de sécurité/Réponses	

Carte de fidélité – Entreprise no. 17	
No. de compte	
Site Web pour échanger	
Nom d'utilisateur	
Mot de passe	
Code ID personnel (Pin)	
Questions de sécurité/Réponses	

Carte de fidélité – Entreprise no. 18	
No. de compte	
Site Web pour échanger	
Nom d'utilisateur	
Mot de passe	
Code ID personnel (Pin)	
Questions de sécurité/Réponses	

Carte de fidélité – Entreprise no. 19	
No. de compte	
Site Web pour échanger	
Nom d'utilisateur	
Mot de passe	
Code ID personnel (Pin)	
Questions de sécurité/Réponses	

Carte de fidélité – Entreprise no. 20	
No. de compte	
Site Web pour échanger	
Nom d'utilisateur	
Mot de passe	
Code ID personnel (Pin)	
Questions de sécurité/Réponses	

Executor's Dream

CHAPITRE 6

PLACEMENTS ET RETRAITE

Régime de pensions du Canada
Prestation de retraite de la sécurité sociale

No. d'identification	
Emplacement des documents	
Pays (États-Unis ou Canada)	

No. d'identification	
Emplacement des documents	
Pays (États-Unis ou Canada)	

Prestation canadienne de la Sécurité de la vieillesse

No. d'identification	
Emplacement des documents	

Supplément de revenu garanti (SRG)
Allocation supplémentaire de revenu de sécurité (SSI) – États-Unis

No. d'identification	
Emplacement des documents	
Pays (États-Unis ou Canada)	

No. d'identification	
Emplacement des documents	
Pays (États-Unis ou Canada)	

Allocation aux anciens combattants

No. d'identification	
Emplacement des documents	
Pays (États-Unis ou Canada)	

No. d'identification	
Emplacement des documents	
Pays (États-Unis ou Canada)	

Placements personnels

Type de placement no. 1	
Enregistré ou non enregistré	
Pays (Canada ou États-Unis)	
Institution	
No. de compte	
Emplacement des documents	
Nom du représentant	
Téléphone du représentant	
Courriel du représentant	
Nom d'utilisateur	
Mot de passe	
Nom du bénéficiaire	
Téléphone du bénéficiaire	
Autres renseignements	

Type de placement no. 2	
Enregistré ou non enregistré	
Pays (Canada ou États-Unis)	
Institution	
No. de compte	
Emplacement des documents	
Nom du représentant	
Téléphone du représentant	
Courriel du représentant	
Nom d'utilisateur	
Mot de passe	
Nom du bénéficiaire	
Téléphone du bénéficiaire	
Autres renseignements	

Type de placement no. 3	
Enregistré ou non enregistré	
Pays (Canada ou États-Unis)	
Institution	
No. de compte	
Emplacement des documents	
Nom du représentant	
Téléphone du représentant	
Courriel du représentant	
Nom d'utilisateur	
Mot de passe	
Nom du bénéficiaire	
Téléphone du bénéficiaire	
Autres renseignements	

Type de placement no. 4	
Enregistré ou non enregistré	
Pays (Canada ou États-Unis)	
Institution	
No. de compte	
Emplacement des documents	
Nom du représentant	
Téléphone du représentant	
Courriel du représentant	
Nom d'utilisateur	
Mot de passe	
Nom du bénéficiaire	
Téléphone du bénéficiaire	
Autres renseignements	

Type de placement no. 5	
Enregistré ou non enregistré	
Pays (Canada ou États-Unis)	
Institution	
No. de compte	
Emplacement des documents	
Nom du représentant	
Téléphone du représentant	
Courriel du représentant	
Nom d'utilisateur	
Mot de passe	
Nom du bénéficiaire	
Téléphone du bénéficiaire	
Autres renseignements	

Type de placement no. 6	
Enregistré ou non enregistré	
Pays (Canada ou États-Unis)	
Institution	
No. de compte	
Emplacement des documents	
Nom du représentant	
Téléphone du représentant	
Courriel du représentant	
Nom d'utilisateur	
Mot de passe	
Nom du bénéficiaire	
Téléphone du bénéficiaire	
Autres renseignements	

Type de placement no. 7	
Enregistré ou non enregistré	
Pays (Canada ou États-Unis)	
Institution	
No. de compte	
Emplacement des documents	
Nom du représentant	
Téléphone du représentant	
Courriel du représentant	
Nom d'utilisateur	
Mot de passe	
Nom du bénéficiaire	
Téléphone du bénéficiaire	
Autres renseignements	

Type de placement no. 8	
Enregistré ou non enregistré	
Pays (Canada ou États-Unis)	
Institution	
No. de compte	
Emplacement des documents	
Nom du représentant	
Téléphone du représentant	
Courriel du représentant	
Nom d'utilisateur	
Mot de passe	
Nom du bénéficiaire	
Téléphone du bénéficiaire	
Autres renseignements	

Type de placement no. 9	
Enregistré ou non enregistré	
Pays (Canada ou États-Unis)	
Institution	
No. de compte	
Emplacement des documents	
Nom du représentant	
Téléphone du représentant	
Courriel du représentant	
Nom d'utilisateur	
Mot de passe	
Nom du bénéficiaire	
Téléphone du bénéficiaire	
Autres renseignements	

Type de placement no. 10	
Enregistré ou non enregistré	
Pays (Canada ou États-Unis)	
Institution	
No. de compte	
Emplacement des documents	
Nom du représentant	
Téléphone du représentant	
Courriel du représentant	
Nom d'utilisateur	
Mot de passe	
Nom du bénéficiaire	
Téléphone du bénéficiaire	
Autres renseignements	

Type de placement no. 11	
Enregistré ou non enregistré	
Pays (Canada ou États-Unis)	
Institution	
No. de compte	
Emplacement des documents	
Nom du représentant	
Téléphone du représentant	
Courriel du représentant	
Nom d'utilisateur	
Mot de passe	
Nom du bénéficiaire	
Téléphone du bénéficiaire	
Autres renseignements	

Type de placement no. 12	
Enregistré ou non enregistré	
Pays (Canada ou États-Unis)	
Institution	
No. de compte	
Emplacement des documents	
Nom du représentant	
Téléphone du représentant	
Courriel du représentant	
Nom d'utilisateur	
Mot de passe	
Nom du bénéficiaire	
Téléphone du bénéficiaire	
Autres renseignements	

Plans d'épargne et de revenu personnels

Type de plan no. 1	
Enregistré ou non enregistré	
Pays (Canada ou États-Unis)	
Institution	
No. de compte	
Emplacement des documents	
Nom du représentant	
Téléphone du représentant	
Courriel du représentant	
Nom d'utilisateur	
Mot de passe	
Nom du bénéficiaire	
Téléphone du bénéficiaire	
Autres renseignements	

Type de plan no. 2	
Enregistré ou non enregistré	
Pays (Canada ou États-Unis)	
Institution	
No. de compte	
Emplacement des documents	
Nom du représentant	
Téléphone du représentant	
Courriel du représentant	
Nom d'utilisateur	
Mot de passe	
Nom du bénéficiaire	
Téléphone du bénéficiaire	
Autres renseignements	

Type de plan no. 3	
Enregistré ou non enregistré	
Pays (Canada ou États-Unis)	
Institution	
No. de compte	
Emplacement des documents	
Nom du représentant	
Téléphone du représentant	
Courriel du représentant	
Nom d'utilisateur	
Mot de passe	
Nom du bénéficiaire	
Téléphone du bénéficiaire	
Autres renseignements	

Type de plan no. 4	
Enregistré ou non enregistré	
Pays (Canada ou États-Unis)	
Institution	
No. de compte	
Emplacement des documents	
Nom du représentant	
Téléphone du représentant	
Courriel du représentant	
Nom d'utilisateur	
Mot de passe	
Nom du bénéficiaire	
Téléphone du bénéficiaire	
Autres renseignements	

Type de plan no. 5	
Enregistré ou non enregistré	
Pays (Canada ou États-Unis)	
Institution	
No. de compte	
Emplacement des documents	
Nom du représentant	
Téléphone du représentant	
Courriel du représentant	
Nom d'utilisateur	
Mot de passe	
Nom du bénéficiaire	
Téléphone du bénéficiaire	
Autres renseignements	

Type de plan no. 6	
Enregistré ou non enregistré	
Pays (Canada ou États-Unis)	
Institution	
No. de compte	
Emplacement des documents	
Nom du représentant	
Téléphone du représentant	
Courriel du représentant	
Nom d'utilisateur	
Mot de passe	
Nom du bénéficiaire	
Téléphone du bénéficiaire	
Autres renseignements	

Type de plan no. 7	
Enregistré ou non enregistré	
Pays (Canada ou États-Unis)	
Institution	
No. de compte	
Emplacement des documents	
Nom du représentant	
Téléphone du représentant	
Courriel du représentant	
Nom d'utilisateur	
Mot de passe	
Nom du bénéficiaire	
Téléphone du bénéficiaire	
Autres renseignements	

Type de plan no. 8	
Enregistré ou non enregistré	
Pays (Canada ou États-Unis)	
Institution	
No. de compte	
Emplacement des documents	
Nom du représentant	
Téléphone du représentant	
Courriel du représentant	
Nom d'utilisateur	
Mot de passe	
Nom du bénéficiaire	
Téléphone du bénéficiaire	
Autres renseignements	

Type de plan no. 9	
Enregistré ou non enregistré	
Pays (Canada ou États-Unis)	
Institution	
No. de compte	
Emplacement des documents	
Nom du représentant	
Téléphone du représentant	
Courriel du représentant	
Nom d'utilisateur	
Mot de passe	
Nom du bénéficiaire	
Téléphone du bénéficiaire	
Autres renseignements	

Type de plan no. 10	
Enregistré ou non enregistré	
Pays (Canada ou États-Unis)	
Institution	
No. de compte	
Emplacement des documents	
Nom du représentant	
Téléphone du représentant	
Courriel du représentant	
Nom d'utilisateur	
Mot de passe	
Nom du bénéficiaire	
Téléphone du bénéficiaire	
Autres renseignements	

Type de plan no. 11	
Enregistré ou non enregistré	
Pays (Canada ou États-Unis)	
Institution	
No. de compte	
Emplacement des documents	
Nom du représentant	
Téléphone du représentant	
Courriel du représentant	
Nom d'utilisateur	
Mot de passe	
Nom du bénéficiaire	
Téléphone du bénéficiaire	
Autres renseignements	

Type de plan no. 12	
Enregistré ou non enregistré	
Pays (Canada ou États-Unis)	
Institution	
No. de compte	
Emplacement des documents	
Nom du représentant	
Téléphone du représentant	
Courriel du représentant	
Nom d'utilisateur	
Mot de passe	
Nom du bénéficiaire	
Téléphone du bénéficiaire	
Autres renseignements	

Actions et obligations

Type no. 1	
Description	
Pays	
Institution	
No. de compte	
Emplacement des documents	
Nom du représentant	
Téléphone du représentant	
Courriel du représentant	
Nom d'utilisateur	
Mot de passe	
Nom du bénéficiaire	
Téléphone du bénéficiaire	
Autres renseignements	

Type no. 2	
Description	
Pays	
Institution	
No. de compte	
Emplacement des documents	
Nom du représentant	
Téléphone du représentant	
Courriel du représentant	
Nom d'utilisateur	
Mot de passe	
Nom du bénéficiaire	
Téléphone du bénéficiaire	
Autres renseignements	

Type no. 3	
Description	
Pays	
Institution	
No. de compte	
Emplacement des documents	
Nom du représentant	
Téléphone du représentant	
Courriel du représentant	
Nom d'utilisateur	
Mot de passe	
Nom du bénéficiaire	
Téléphone du bénéficiaire	
Autres renseignements	

Type no. 4	
Description	
Pays	
Institution	
No. de compte	
Emplacement des documents	
Nom du représentant	
Téléphone du représentant	
Courriel du représentant	
Nom d'utilisateur	
Mot de passe	
Nom du bénéficiaire	
Téléphone du bénéficiaire	
Autres renseignements	

Type no. 5	
Description	
Pays	
Institution	
No. de compte	
Emplacement des documents	
Nom du représentant	
Téléphone du représentant	
Courriel du représentant	
Nom d'utilisateur	
Mot de passe	
Nom du bénéficiaire	
Téléphone du bénéficiaire	
Autres renseignements	

Type no. 6	
Description	
Pays	
Institution	
No. de compte	
Emplacement des documents	
Nom du représentant	
Téléphone du représentant	
Courriel du représentant	
Nom d'utilisateur	
Mot de passe	
Nom du bénéficiaire	
Téléphone du bénéficiaire	
Autres renseignements	

Type no. 7	
Description	
Pays	
Institution	
No. de compte	
Emplacement des documents	
Nom du représentant	
Téléphone du représentant	
Courriel du représentant	
Nom d'utilisateur	
Mot de passe	
Nom du bénéficiaire	
Téléphone du bénéficiaire	
Autres renseignements	

Type no. 8	
Description	
Pays	
Institution	
No. de compte	
Emplacement des documents	
Nom du représentant	
Téléphone du représentant	
Courriel du représentant	
Nom d'utilisateur	
Mot de passe	
Nom du bénéficiaire	
Téléphone du bénéficiaire	
Autres renseignements	

Type no. 9	
Description	
Pays	
Institution	
No. de compte	
Emplacement des documents	
Nom du représentant	
Téléphone du représentant	
Courriel du représentant	
Nom d'utilisateur	
Mot de passe	
Nom du bénéficiaire	
Téléphone du bénéficiaire	
Autres renseignements	

Type no. 10	
Description	
Pays	
Institution	
No. de compte	
Emplacement des documents	
Nom du représentant	
Téléphone du représentant	
Courriel du représentant	
Nom d'utilisateur	
Mot de passe	
Nom du bénéficiaire	
Téléphone du bénéficiaire	
Autres renseignements	

Type no. 11	
Description	
Pays	
Institution	
No. de compte	
Emplacement des documents	
Nom du représentant	
Téléphone du représentant	
Courriel du représentant	
Nom d'utilisateur	
Mot de passe	
Nom du bénéficiaire	
Téléphone du bénéficiaire	
Autres renseignements	

Type no. 12	
Description	
Pays	
Institution	
No. de compte	
Emplacement des documents	
Nom du représentant	
Téléphone du représentant	
Courriel du représentant	
Nom d'utilisateur	
Mot de passe	
Nom du bénéficiaire	
Téléphone du bénéficiaire	
Autres renseignements	

Rentes

Une rente est un contrat entre vous et une compagnie d'assurance dans le cadre duquel vous payez un montant fixe aujourd'hui, ou au fil du temps, en échange d'un paiement forfaitaire ou d'un flux de paiements égaux effectués à intervalles égaux dans le futur.

Type no. 1	
Description	
Pays	
Institution	
No. de compte	
Emplacement des documents	
Nom du représentant	
Téléphone du représentant	
Courriel du représentant	
Nom d'utilisateur	
Mot de passe	
Nom du bénéficiaire	
Téléphone du bénéficiaire	
Autres renseignements	

Type no. 2	
Description	
Pays	
Institution	
No. de compte	
Emplacement des documents	
Nom du représentant	
Téléphone du représentant	
Courriel du représentant	
Nom d'utilisateur	
Mot de passe	
Nom du bénéficiaire	
Téléphone du bénéficiaire	
Autres renseignements	

Type no. 3	
Description	
Pays	
Institution	
No. de compte	
Emplacement des documents	
Nom du représentant	
Téléphone du représentant	
Courriel du représentant	
Nom d'utilisateur	
Mot de passe	
Nom du bénéficiaire	
Téléphone du bénéficiaire	
Autres renseignements	

Type no. 4	
Description	
Pays	
Institution	
No. de compte	
Emplacement des documents	
Nom du représentant	
Téléphone du représentant	
Courriel du représentant	
Nom d'utilisateur	
Mot de passe	
Nom du bénéficiaire	
Téléphone du bénéficiaire	
Autres renseignements	

Polices d'assurance-vie d'une autre personne
et dont vous êtes le bénéficiaire

Compagnie d'assurance no. 1	
Conseiller/représentant	
No. de téléphone du conseiller	
Type de police (T10, T20, permanente, universelle, etc.)	
No. de groupe	
No. de police	
Certificat/numéro de membre	
Montant de la couverture	
Personne assurée	
Site web	
Nom d'utilisateur	
Mot de passe	

Compagnie d'assurance no. 2	
Conseiller/représentant	
No. de téléphone du conseiller	
Type de police (T10, T20, permanente, universelle, etc.)	
No. de groupe	
No. de police	
Certificat/numéro de membre	
Montant de la couverture	
Personne assurée	
Site web	
Nom d'utilisateur	
Mot de passe	

Compagnie d'assurance no. 3	
Conseiller/représentant	
No. de téléphone du conseiller	
Type de police (T10, T20, permanente, universelle, etc.)	
No. de groupe	
No. de police	
Certificat/numéro de membre	
Montant de la couverture	
Personne assurée	
Site web	
Nom d'utilisateur	
Mot de passe	

Compagnie d'assurance no. 4	
Conseiller/représentant	
No. de téléphone du conseiller	
Type de police (T10, T20, permanente, universelle, etc.)	
No. de groupe	
No. de police	
Certificat/numéro de membre	
Montant de la couverture	
Personne assurée	
Site web	
Nom d'utilisateur	
Mot de passe	

Compagnie d'assurance no. 5	
Conseiller/représentant	
No. de téléphone du conseiller	
Type de police (T10, T20, permanente, universelle, etc.)	
No. de groupe	
No. de police	
Certificat/numéro de membre	
Montant de la couverture	
Personne assurée	
Site web	
Nom d'utilisateur	
Mot de passe	

Compagnie d'assurance no. 6	
Conseiller/représentant	
No. de téléphone du conseiller	
Type de police (T10, T20, permanente, universelle, etc.)	
No. de groupe	
No. de police	
Certificat/numéro de membre	
Montant de la couverture	
Personne assurée	
Site web	
Nom d'utilisateur	
Mot de passe	

Énumérez tout droit d'auteur, toute redevance, toute marque de commerce, ou autres droits de propriété intellectuelle

Liste des droits d'auteur, redevances, marques de commerce, ou autres droits de propriété intellectuelle

Éléments supplémentaires non mentionnés précédemment

Executor's Dream

CHAPITRE 7

CONTRATS ET POLITIQUES JURIDIQUES

Avocats

Un avocat est une personne qui est autorisée à agir au nom d'une autre personne, habituellement pour effectuer des affaires ou d'autres transactions officielles.

Nom du cabinet d'avocats no. 1	
Nom de l'avocat	
Adresse	
No. de téléphone	
Courriel	
Site web	
Transactions	

Nom du cabinet d'avocats no. 2	
Nom de l'avocat	
Adresse	
No. de téléphone	
Courriel	
Site web	
Transactions	

Nom du cabinet d'avocats no. 3	
Nom de l'avocat	
Adresse	
No. de téléphone	
Courriel	
Site web	
Transactions	

Nom du cabinet d'avocats no. 4	
Nom de l'avocat	
Adresse	
No. de téléphone	
Courriel	
Site web	
Transactions	

Comptables

Un comptable est un professionnel qui exerce des fonctions comptables telles que l'analyse des comptes, la vérification, la production de déclarations de revenus et l'analyse d'états financiers.

Nom de la firme comptable no. 1	
Nom du comptable	
Adresse	
No. de téléphone	
Courriel	
Site web	

Nom de la firme comptable no. 2	
Nom du comptable	
Adresse	
No. de téléphone	
Courriel	
Site web	

Nom de la firme comptable no. 3	
Nom du comptable	
Adresse	
No. de téléphone	
Courriel	
Site web	

Nom de la firme comptable no. 4	
Nom du comptable	
Adresse	
No. de téléphone	
Courriel	
Site web	

Coordonnées des professionnels de la santé

Nom du médecin de famille	
Adresse	
No. de téléphone	

Nom de l'infirmier.ère praticien.ne	
Adresse	
No. de téléphone	

Médecin spécialiste no. 1	
Nom du médecin/chirurgien	
Adresse	
No. de téléphone	

Médecin spécialiste no. 2	
Nom du médecin/chirurgien	
Adresse	
No. de téléphone	

Médecin spécialiste no. 3	
Nom du médecin/chirurgien	
Adresse	
No. de téléphone	

Médecin spécialiste no. 4	
Nom du médecin/chirurgien	
Adresse	
No. de téléphone	

Médecin spécialiste no. 5	
Nom du médecin/chirurgien	
Adresse	
No. de téléphone	

Médecin spécialiste no. 6	
Nom du médecin/chirurgien	
Adresse	
No. de téléphone	

Nom de l'entreprise dentaire	
Nom du dentiste (si différent)	
Adresse	
No. de téléphone	

Nom de la clinique d'optométrie	
Nom de l'optométriste	
Adresse	
No. de téléphone	

Autre spécialiste no. 1	
Nom du spécialiste	
Adresse	
No. de téléphone	

Autre spécialiste no. 2	
Nom du spécialiste	
Adresse	
No. de téléphone	

Autre spécialiste no. 3	
Nom du spécialiste	
Adresse	
No. de téléphone	

Autre spécialiste no. 4	
Nom du spécialiste	
Adresse	
No. de téléphone	

Autre spécialiste no. 5	
Nom du spécialiste	
Adresse	
No. de téléphone	

Autre spécialiste no. 6	
Nom du spécialiste	
Adresse	
No. de téléphone	

Autre spécialiste no. 7	
Nom du spécialiste	
Adresse	
No. de téléphone	

Autre spécialiste no. 8	
Nom du spécialiste	
Adresse	
No. de téléphone	

Autre spécialiste no. 9	
Nom du spécialiste	
Adresse	
No. de téléphone	

Autre spécialiste no. 10	
Nom du spécialiste	
Adresse	
No. de téléphone	

Autre spécialiste no. 11	
Nom du spécialiste	
Adresse	
No. de téléphone	

Plan de soins de santé personnel

Plan personnel no. 1	
Compagnie d'assurance	
Conseiller/représentant	
No. de tél. du conseiller	
Type de police (santé et dentaire)	
No. de groupe	
No. de police	
No. de certificat/membre	
Site web	
Nom d'utilisateur	
Mot de passe	

Plan personnel no. 2	
Compagnie d'assurance	
Conseiller/représentant	
No. de tél. du conseiller	
Type de police (santé et dentaire)	
No. de groupe	
No. de police	
No. de certificat/membre	
Site web	
Nom d'utilisateur	
Mot de passe	

Plan personnel no. 3	
Compagnie d'assurance	
Conseiller/représentant	
No. de tél. du conseiller	
Type de police (santé et dentaire)	
No. de groupe	
No. de police	
No. de certificat/membre	
Site web	
Nom d'utilisateur	
Mot de passe	

Polices d'assurance invalidité et maladies graves

Type de police no. 1	
Compagnie d'assurance	
Conseiller/représentant	
No. de tél. du conseiller	
Type de police	
No. de groupe	
No. de police	
No. de certificat/membre	
Montant de la couverture	
Site web	
Nom d'utilisateur	
Mot de passe	

Type de police no. 2	
Compagnie d'assurance	
Conseiller/représentant	
No. de tél. du conseiller	
Type de police	
No. de groupe	
No. de police	
No. de certificat/membre	
Montant de la couverture	
Site web	
Nom d'utilisateur	
Mot de passe	

Type de police no. 3	
Compagnie d'assurance	
Conseiller/représentant	
No. de tél. du conseiller	
Type de police	
No. de groupe	
No. de police	
No. de certificat/membre	
Montant de la couverture	
Site web	
Nom d'utilisateur	
Mot de passe	

Type de police no. 4	
Compagnie d'assurance	
Conseiller/représentant	
No. de tél. du conseiller	
Type de police	
No. de groupe	
No. de police	
No. de certificat/membre	
Montant de la couverture	
Site web	
Nom d'utilisateur	
Mot de passe	

Type de police no. 5	
Compagnie d'assurance	
Conseiller/représentant	
No. de tél. du conseiller	
Type de police	
No. de groupe	
No. de police	
No. de certificat/membre	
Montant de la couverture	
Site web	
Nom d'utilisateur	
Mot de passe	

Type de police no. 6	
Compagnie d'assurance	
Conseiller/représentant	
No. de tél. du conseiller	
Type de police	
No. de groupe	
No. de police	
No. de certificat/membre	
Montant de la couverture	
Site web	
Nom d'utilisateur	
Mot de passe	

Polices d'assurance maladie ou accident

Type de police no. 1	
Compagnie d'assurance	
Conseiller/représentant	
No. de tél. du conseiller	
Type de police	
No. de groupe	
No. de police	
No. de certificat/membre	
Montant de la couverture	
Site web	
Nom d'utilisateur	
Mot de passe	

Type de police no. 2	
Compagnie d'assurance	
Conseiller/représentant	
No. de tél. du conseiller	
Type de police	
No. de groupe	
No. de police	
No. de certificat/membre	
Montant de la couverture	
Site web	
Nom d'utilisateur	
Mot de passe	

Type de police no. 3	
Compagnie d'assurance	
Conseiller/représentant	
No. de tél. du conseiller	
Type de police	
No. de groupe	
No. de police	
No. de certificat/membre	
Montant de la couverture	
Site web	
Nom d'utilisateur	
Mot de passe	

Type de police no. 4	
Compagnie d'assurance	
Conseiller/représentant	
No. de tél. du conseiller	
Type de police	
No. de groupe	
No. de police	
No. de certificat/membre	
Montant de la couverture	
Site web	
Nom d'utilisateur	
Mot de passe	

Type de police no. 5	
Compagnie d'assurance	
Conseiller/représentant	
No. de tél. du conseiller	
Type de police	
No. de groupe	
No. de police	
No. de certificat/membre	
Montant de la couverture	
Site web	
Nom d'utilisateur	
Mot de passe	

Type de police no. 6	
Compagnie d'assurance	
Conseiller/représentant	
No. de tél. du conseiller	
Type de police	
No. de groupe	
No. de police	
No. de certificat/membre	
Montant de la couverture	
Site web	
Nom d'utilisateur	
Mot de passe	

Polices d'assurance-vie

L'assurance-vie est un contrat entre un assureur et un titulaire de police. Une police d'assurance-vie garantit que l'assureur verse une somme d'argent aux bénéficiaires désignés au décès de l'assuré en échange des primes payées par le titulaire de la police au cours de sa vie.

Compagnie d'assurance no. 1	
Pays	
Conseiller/représentant	
No. de tél. du conseiller	
Type de police (T10, T20, permanente, universelle, etc.)	
No. de groupe	
No. de police	
No. de certificat/membre	
Montant de la couverture	
Bénéficiaire	
Site web	
Nom d'utilisateur	
Mot de passe	
Autres renseignements	

Compagnie d'assurance no. 2	
Pays	
Conseiller/représentant	
No. de tél. du conseiller	
Type de police (T10, T20, permanente, universelle, etc.)	
No. de groupe	
No. de police	
No. de certificat/membre	
Montant de la couverture	
Bénéficiaire	
Site web	
Nom d'utilisateur	
Mot de passe	
Autres renseignements	

Compagnie d'assurance no. 3	
Pays	
Conseiller/représentant	
No. de tél. du conseiller	
Type de police (T10, T20, permanente, universelle, etc.)	
No. de groupe	
No. de police	
No. de certificat/membre	
Montant de la couverture	
Bénéficiaire	
Site web	
Nom d'utilisateur	
Mot de passe	
Autres renseignements	

Compagnie d'assurance no. 4	
Pays	
Conseiller/représentant	
No. de tél. du conseiller	
Type de police (T10, T20, permanente, universelle, etc.)	
No. de groupe	
No. de police	
No. de certificat/membre	
Montant de la couverture	
Bénéficiaire	
Site web	
Nom d'utilisateur	
Mot de passe	
Autres renseignements	

Compagnie d'assurance no. 5	
Pays	
Conseiller/représentant	
No. de tél. du conseiller	
Type de police (T10, T20, permanente, universelle, etc.)	
No. de groupe	
No. de police	
No. de certificat/membre	
Montant de la couverture	
Bénéficiaire	
Site web	
Nom d'utilisateur	
Mot de passe	
Autres renseignements	

Compagnie d'assurance no. 6	
Pays	
Conseiller/représentant	
No. de tél. du conseiller	
Type de police (T10, T20, permanente, universelle, etc.)	
No. de groupe	
No. de police	
No. de certificat/membre	
Montant de la couverture	
Bénéficiaire	
Site web	
Nom d'utilisateur	
Mot de passe	
Autres renseignements	

Compagnie d'assurance no. 7	
Pays	
Conseiller/représentant	
No. de tél. du conseiller	
Type de police (T10, T20, permanente, universelle, etc.)	
No. de groupe	
No. de police	
No. de certificat/membre	
Montant de la couverture	
Bénéficiaire	
Site web	
Nom d'utilisateur	
Mot de passe	
Autres renseignements	

Compagnie d'assurance no. 8	
Pays	
Conseiller/représentant	
No. de tél. du conseiller	
Type de police (T10, T20, permanente, universelle, etc.)	
No. de groupe	
No. de police	
No. de certificat/membre	
Montant de la couverture	
Bénéficiaire	
Site web	
Nom d'utilisateur	
Mot de passe	
Autres renseignements	

Compagnie d'assurance no. 9	
Pays	
Conseiller/représentant	
No. de tél. du conseiller	
Type de police (T10, T20, permanente, universelle, etc.)	
No. de groupe	
No. de police	
No. de certificat/membre	
Montant de la couverture	
Bénéficiaire	
Site web	
Nom d'utilisateur	
Mot de passe	
Autres renseignements	

Compagnie d'assurance no. 10	
Pays	
Conseiller/représentant	
No. de tél. du conseiller	
Type de police (T10, T20, permanente, universelle, etc.)	
No. de groupe	
No. de police	
No. de certificat/membre	
Montant de la couverture	
Bénéficiaire	
Site web	
Nom d'utilisateur	
Mot de passe	
Autres renseignements	

Compagnie d'assurance no. 11	
Pays	
Conseiller/représentant	
No. de tél. du conseiller	
Type de police (T10, T20, permanente, universelle, etc.)	
No. de groupe	
No. de police	
No. de certificat/membre	
Montant de la couverture	
Bénéficiaire	
Site web	
Nom d'utilisateur	
Mot de passe	
Autres renseignements	

Compagnie d'assurance no. 12	
Pays	
Conseiller/représentant	
No. de tél. du conseiller	
Type de police (T10, T20, permanente, universelle, etc.)	
No. de groupe	
No. de police	
No. de certificat/membre	
Montant de la couverture	
Bénéficiaire	
Site web	
Nom d'utilisateur	
Mot de passe	
Autres renseignements	

Compagnie d'assurance no. 13	
Pays	
Conseiller/représentant	
No. de tél. du conseiller	
Type de police (T10, T20, permanente, universelle, etc.)	
No. de groupe	
No. de police	
No. de certificat/membre	
Montant de la couverture	
Bénéficiaire	
Site web	
Nom d'utilisateur	
Mot de passe	
Autres renseignements	

Compagnie d'assurance no. 14	
Pays	
Conseiller/représentant	
No. de tél. du conseiller	
Type de police (T10, T20, permanente, universelle, etc.)	
No. de groupe	
No. de police	
No. de certificat/membre	
Montant de la couverture	
Bénéficiaire	
Site web	
Nom d'utilisateur	
Mot de passe	
Autres renseignements	

Compagnie d'assurance no. 15	
Pays	
Conseiller/représentant	
No. de tél. du conseiller	
Type de police (T10, T20, permanente, universelle, etc.)	
No. de groupe	
No. de police	
No. de certificat/membre	
Montant de la couverture	
Bénéficiaire	
Site web	
Nom d'utilisateur	
Mot de passe	
Autres renseignements	

Compagnie d'assurance no. 16	
Pays	
Conseiller/représentant	
No. de tél. du conseiller	
Type de police (T10, T20, permanente, universelle, etc.)	
No. de groupe	
No. de police	
No. de certificat/membre	
Montant de la couverture	
Bénéficiaire	
Site web	
Nom d'utilisateur	
Mot de passe	
Autres renseignements	

Compagnie d'assurance no. 17	
Pays	
Conseiller/représentant	
No. de tél. du conseiller	
Type de police (T10, T20, permanente, universelle, etc.)	
No. de groupe	
No. de police	
No. de certificat/membre	
Montant de la couverture	
Bénéficiaire	
Site web	
Nom d'utilisateur	
Mot de passe	
Autres renseignements	

Emplacement de documents importants

Documents sur l'adoption de l'enfant/des enfants	
Documents relatifs à la garde de l'enfant/des enfants	
Documents de citoyenneté	
Documents de résidence	
Documents relatifs à l'impôt sur le revenu	
Documents relatifs aux affaires criminelles	
Amendes impayées et pénalités	
Poursuites, règlements juridiques et poursuites en cours	

CHAPITRE 8

TUTELLES, FONDATIONS ET ORGANISMES DE BIENFAISANCE

Tutelles

Type de fiducie no. 1	
Date d'établissement	
Pays	
Cofiduciaires	
Bénéficiaires	
Société financière	
Adresse	
No. de téléphone	
Courriel	
Emplacement des documents	
Actifs détenus en fiducie	

Type de fiducie no. 2	
Date d'établissement	
Pays	
Cofiduciaires	
Bénéficiaires	
Société financière	
Adresse	
No. de téléphone	
Courriel	
Emplacement des documents	
Actifs détenus en fiducie	

Type de fiducie no. 3	
Date d'établissement	
Pays	
Cofiduciaires	
Bénéficiaires	
Société financière	
Adresse	
No. de téléphone	
Courriel	
Emplacement des documents	
Actifs détenus en fiducie	

Type de fiducie no. 4	
Date d'établissement	
Pays	
Cofiduciaires	
Bénéficiaires	
Société financière	
Adresse	
No. de téléphone	
Courriel	
Emplacement des documents	
Actifs détenus en fiducie	

Type de fiducie no. 5	
Date d'établissement	
Pays	
Cofiduciaires	
Bénéficiaires	
Société financière	
Adresse	
No. de téléphone	
Courriel	
Emplacement des documents	
Actifs détenus en fiducie	

Type de fiducie no. 6	
Date d'établissement	
Pays	
Cofiduciaires	
Bénéficiaires	
Société financière	
Adresse	
No. de téléphone	
Courriel	
Emplacement des documents	
Actifs détenus en fiducie	

Type de fiducie no. 7	
Date d'établissement	
Pays	
Cofiduciaires	
Bénéficiaires	
Société financière	
Adresse	
No. de téléphone	
Courriel	
Emplacement des documents	
Actifs détenus en fiducie	

Type de fiducie no. 8	
Date d'établissement	
Pays	
Cofiduciaires	
Bénéficiaires	
Société financière	
Adresse	
No. de téléphone	
Courriel	
Emplacement des documents	
Actifs détenus en fiducie	

Type de fiducie no. 9	
Date d'établissement	
Pays	
Cofiduciaires	
Bénéficiaires	
Société financière	
Adresse	
No. de téléphone	
Courriel	
Emplacement des documents	
Actifs détenus en fiducie	

Type de fiducie no. 10	
Date d'établissement	
Pays	
Cofiduciaires	
Bénéficiaires	
Société financière	
Adresse	
No. de téléphone	
Courriel	
Emplacement des documents	
Actifs détenus en fiducie	

Fondations privées

Une fondation privée peut être un organisme de bienfaisance qui, tout en servant une bonne cause, pourrait ne pas être considéré comme un organisme de bienfaisance public selon les normes gouvernementales. Une fondation privée peut aussi être un organisme sans but lucratif (habituellement créé par un don primaire unique d'un particulier ou d'une entreprise et dont ses fiduciaires ou administrateurs gèrent les programmes).

Type de fondation no. 1	
Date d'établissement	
Pays	
Adresse	
No. de téléphone	
Courriel	
Emplacement des documents	
Détails sur la fondation	

Type de fondation no. 2	
Date d'établissement	
Pays	
Adresse	
No. de téléphone	
Courriel	
Emplacement des documents	
Détails sur la fondation	

Type de fondation no. 3	
Date d'établissement	
Pays	
Adresse	
No. de téléphone	
Courriel	
Emplacement des documents	
Détails sur la fondation	

Type de fondation no. 4	
Date d'établissement	
Pays	
Adresse	
No. de téléphone	
Courriel	
Emplacement des documents	
Détails sur la fondation	

Type de fondation no. 5	
Date d'établissement	
Pays	
Adresse	
No. de téléphone	
Courriel	
Emplacement des documents	
Détails sur la fondation	

Type de fondation no. 6	
Date d'établissement	
Pays	
Adresse	
No. de téléphone	
Courriel	
Emplacement des documents	
Détails sur la fondation	

Type de fondation no. 7	
Date d'établissement	
Pays	
Adresse	
No. de téléphone	
Courriel	
Emplacement des documents	
Détails sur la fondation	

Type de fondation no. 8	
Date d'établissement	
Pays	
Adresse	
No. de téléphone	
Courriel	
Emplacement des documents	
Détails sur la fondation	

Organismes de bienfaisance

Un organisme de bienfaisance est un organisme enregistré qui se consacre à la prévention ou au soulagement de la pauvreté, ou à promouvoir les arts, la culture, le patrimoine ou les sciences.

Nom de l'organisme de bienfaisance no. 1	
Depuis quelle année supportez-vous cet organisme ?	
Montant du don	
Par mois ? Par année ?	
Occupez-vous un poste au sein du conseil d'administration ?	

Nom de l'organisme de bienfaisance no. 2	
Depuis quelle année supportez-vous cet organisme ?	
Montant du don	
Par mois ? Par année ?	
Occupez-vous un poste au sein du conseil d'administration ?	

Nom de l'organisme de bienfaisance no. 3	
Depuis quelle année supportez-vous cet organisme ?	
Montant du don	
Par mois ? Par année ?	
Occupez-vous un poste au sein du conseil d'administration ?	

Nom de l'organisme de bienfaisance no. 4	
Depuis quelle année supportez-vous cet organisme ?	
Montant du don	
Par mois ? Par année ?	
Occupez-vous un poste au sein du conseil d'administration ?	

Nom de l'organisme de bienfaisance no. 5	
Depuis quelle année supportez-vous cet organisme ?	
Montant du don	
Par mois ? Par année ?	
Occupez-vous un poste au sein du conseil d'administration ?	

Nom de l'organisme de bienfaisance no. 6	
Depuis quelle année supportez-vous cet organisme ?	
Montant du don	
Par mois ? Par année ?	
Occupez-vous un poste au sein du conseil d'administration ?	

Nom de l'organisme de bienfaisance no. 7	
Depuis quelle année supportez-vous cet organisme ?	
Montant du don	
Par mois ? Par année ?	
Occupez-vous un poste au sein du conseil d'administration ?	

Nom de l'organisme de bienfaisance no. 8	
Depuis quelle année supportez-vous cet organisme ?	
Montant du don	
Par mois ? Par année ?	
Occupez-vous un poste au sein du conseil d'administration ?	

Nom de l'organisme de bienfaisance no. 9	
Depuis quelle année supportez-vous cet organisme ?	
Montant du don	
Par mois ? Par année ?	
Occupez-vous un poste au sein du conseil d'administration ?	

Nom de l'organisme de bienfaisance no. 10	
Depuis quelle année supportez-vous cet organisme ?	
Montant du don	
Par mois ? Par année ?	
Occupez-vous un poste au sein du conseil d'administration ?	

Nom de l'organisme de bienfaisance no. 11	
Depuis quelle année supportez-vous cet organisme ?	
Montant du don	
Par mois ? Par année ?	
Occupez-vous un poste au sein du conseil d'administration ?	

Nom de l'organisme de bienfaisance no. 12	
Depuis quelle année supportez-vous cet organisme ?	
Montant du don	
Par mois ? Par année ?	
Occupez-vous un poste au sein du conseil d'administration ?	

CHAPITRE 9

RENSEIGNEMENTS SUR LES BIENS IMMOBILIERS ET LES RÉSIDENCES

Propriété/Terrain

Description de la propriété no. 1	
Évaluation foncière	
No. d'identification de la propriété (NID)	
Adresse	
Emplacement de l'acte de transfert	
Propriétaire ou débiteur hypothécaire	
Banque/créancier émetteur	
Site web	
Nom d'utilisateur	
Mot de passe	
Solde restant	
Solde à telle date	

Description de la propriété no. 2	
Évaluation foncière	
No. d'identification de la propriété (NID)	
Adresse	
Emplacement de l'acte de transfert	
Propriétaire ou débiteur hypothécaire	
Banque/créancier émetteur	
Site web	
Nom d'utilisateur	
Mot de passe	
Solde restant	
Solde à telle date	

Description de la propriété no. 3	
Évaluation foncière	
No. d'identification de la propriété (NID)	
Adresse	
Emplacement de l'acte de transfert	
Propriétaire ou débiteur hypothécaire	
Banque/créancier émetteur	
Site web	
Nom d'utilisateur	
Mot de passe	
Solde restant	
Solde à telle date	

Description de la propriété no. 4	
Évaluation foncière	
No. d'identification de la propriété (NID)	
Adresse	
Emplacement de l'acte de transfert	
Propriétaire ou débiteur hypothécaire	
Banque/créancier émetteur	
Site web	
Nom d'utilisateur	
Mot de passe	
Solde restant	
Solde à telle date	

Description de la propriété no. 5	
Évaluation foncière	
No. d'identification de la propriété (NID)	
Adresse	
Emplacement de l'acte de transfert	
Propriétaire ou débiteur hypothécaire	
Banque/créancier émetteur	
Site web	
Nom d'utilisateur	
Mot de passe	
Solde restant	
Solde à telle date	

Description de la propriété no. 6	
Évaluation foncière	
No. d'identification de la propriété (NID)	
Adresse	
Emplacement de l'acte de transfert	
Propriétaire ou débiteur hypothécaire	
Banque/créancier émetteur	
Site web	
Nom d'utilisateur	
Mot de passe	
Solde restant	
Solde à telle date	

Description de la propriété no. 7	
Évaluation foncière	
No. d'identification de la propriété (NID)	
Adresse	
Emplacement de l'acte de transfert	
Propriétaire ou débiteur hypothécaire	
Banque/créancier émetteur	
Site web	
Nom d'utilisateur	
Mot de passe	
Solde restant	
Solde à telle date	

Description de la propriété no. 8	
Évaluation foncière	
No. d'identification de la propriété (NID)	
Adresse	
Emplacement de l'acte de transfert	
Propriétaire ou débiteur hypothécaire	
Banque/créancier émetteur	
Site web	
Nom d'utilisateur	
Mot de passe	
Solde restant	
Solde à telle date	

Description de la propriété no. 9	
Évaluation foncière	
No. d'identification de la propriété (NID)	
Adresse	
Emplacement de l'acte de transfert	
Propriétaire ou débiteur hypothécaire	
Banque/créancier émetteur	
Site web	
Nom d'utilisateur	
Mot de passe	
Solde restant	
Solde à telle date	

Description de la propriété no. 10	
Évaluation foncière	
No. d'identification de la propriété (NID)	
Adresse	
Emplacement de l'acte de transfert	
Propriétaire ou débiteur hypothécaire	
Banque/créancier émetteur	
Site web	
Nom d'utilisateur	
Mot de passe	
Solde restant	
Solde à telle date	

Description de la propriété no. 11	
Évaluation foncière	
No. d'identification de la propriété (NID)	
Adresse	
Emplacement de l'acte de transfert	
Propriétaire ou débiteur hypothécaire	
Banque/créancier émetteur	
Site web	
Nom d'utilisateur	
Mot de passe	
Solde restant	
Solde à telle date	

Description de la propriété no. 12	
Évaluation foncière	
No. d'identification de la propriété (NID)	
Adresse	
Emplacement de l'acte de transfert	
Propriétaire ou débiteur hypothécaire	
Banque/créancier émetteur	
Site web	
Nom d'utilisateur	
Mot de passe	
Solde restant	
Solde à telle date	

Emplacement/Propriétaire (Espace/local que vous louez)

Type de propriété no. 1 (appartement, garage)	
Adresse	
Emplacement du bail	
Nom du propriétaire du bienfonds/bâtiment	
Téléphone du propriétaire du bienfonds/bâtiment	
Nom de la Société de gestion	
Société de gestion (Téléphone)	
Modalités du bail	

Type de propriété no. 2 (appartement, garage)	
Adresse	
Emplacement du bail	
Nom du propriétaire du bienfonds/bâtiment	
Téléphone du propriétaire du bienfonds/bâtiment	
Nom de la Société de gestion	
Société de gestion (Téléphone)	
Modalités du bail	

Type de propriété no. 3 (appartement, garage)	
Adresse	
Emplacement du bail	
Nom du propriétaire du bienfonds/bâtiment	
Téléphone du propriétaire du bienfonds/bâtiment	
Nom de la Société de gestion	
Société de gestion (Téléphone)	
Modalités du bail	

Renseignements sur les associations de condominium

Type de propriété no. 1	
Adresse	
Frais mensuels de copropriété $	
Adresse de l'association	
Courriel de l'association	
No. de tél. de l'association	

Type de propriété no. 2	
Adresse	
Frais mensuels de copropriété $	
Adresse de l'association	
Courriel de l'association	
No. de tél. de l'association	

Type de propriété no. 3	
Adresse	
Frais mensuels de copropriété $	
Adresse de l'association	
Courriel de l'association	
No. de tél. de l'association	

Type de propriété no. 4	
Adresse	
Frais mensuels de copropriété $	
Adresse de l'association	
Courriel de l'association	
No. de tél. de l'association	

Renseignements sur les biens immobiliers en temps partagé

Nom de la propriété no. 1	
Adresse	
No. de compte	
Frais d'entretien annuels $	
Annuel, bi-annuel ou points	
Société d'échange de vacances	
Adresse de la société d'échange de vacances	
No. de compte de la société d'échange de vacances	
Site de réservation en ligne	
Nom d'utilisateur	
Mot de passe	
Financé ou payé	
Créancier	
Paiements mensuels	
Adresse du créancier	
Téléphone du créancier	
Courriel du créancier	

Nom de la propriété no. 2	
Adresse	
No. de compte	
Frais d'entretien annuels $	
Annuel, bi-annuel ou points	
Société d'échange de vacances	
Adresse de la société d'échange de vacances	
No. de compte de la société d'échange de vacances	
Site de réservation en ligne	
Nom d'utilisateur	
Mot de passe	
Financé ou payé	
Créancier	
Paiements mensuels	
Adresse du créancier	
Téléphone du créancier	
Courriel du créancier	

Nom de la propriété no. 3	
Adresse	
No. de compte	
Frais d'entretien annuels $	
Annuel, bi-annuel ou points	
Société d'échange de vacances	
Adresse de la société d'échange de vacances	
No. de compte de la société d'échange de vacances	
Site de réservation en ligne	
Nom d'utilisateur	
Mot de passe	
Financé ou payé	
Créancier	
Paiements mensuels	
Adresse du créancier	
Téléphone du créancier	
Courriel du créancier	

Nom de la propriété no. 4	
Adresse	
No. de compte	
Frais d'entretien annuels $	
Annuel, bi-annuel ou points	
Société d'échange de vacances	
Adresse de la société d'échange de vacances	
No. de compte de la société d'échange de vacances	
Site de réservation en ligne	
Nom d'utilisateur	
Mot de passe	
Financé ou payé	
Créancier	
Paiements mensuels	
Adresse du créancier	
Téléphone du créancier	
Courriel du créancier	

Unité(s) d'entreposage

Localisation	
Entreprise d'entreposage	
Adresse	
Téléphone	
Numéro de l'unité	
Emplacement de la clé	
Notes	

Localisation	
Entreprise d'entreposage	
Adresse	
Téléphone	
Numéro de l'unité	
Emplacement de la clé	
Notes	

Localisation	
Entreprise d'entreposage	
Adresse	
Téléphone	
Numéro de l'unité	
Emplacement de la clé	
Notes	

Objets de valeur cachés sur votre propriété

Article no. 1	
Adresse de la propriété	
Où est-il sécurisé ?	
Mot de passe ou clé ?	
Qu'aimeriez-vous faire avec cet article ?	
À qui donner cet article ?	

Article no. 2	
Adresse de la propriété	
Où est-il sécurisé ?	
Mot de passe ou clé ?	
Qu'aimeriez-vous faire avec cet article ?	
À qui donner cet article ?	

Article no. 3	
Adresse de la propriété	
Où est-il sécurisé ?	
Mot de passe ou clé ?	
Qu'aimeriez-vous faire avec cet article ?	
À qui donner cet article ?	

Article no. 4	
Adresse de la propriété	
Où est-il sécurisé ?	
Mot de passe ou clé ?	
Qu'aimeriez-vous faire avec cet article ?	
À qui donner cet article ?	

Article no. 5	
Adresse de la propriété	
Où est-il sécurisé ?	
Mot de passe ou clé ?	
Qu'aimeriez-vous faire avec cet article ?	
À qui donner cet article ?	

Article no. 6	
Adresse de la propriété	
Où est-il sécurisé ?	
Mot de passe ou clé ?	
Qu'aimeriez-vous faire avec cet article ?	
À qui donner cet article ?	

Article no. 7	
Adresse de la propriété	
Où est-il sécurisé ?	
Mot de passe ou clé ?	
Qu'aimeriez-vous faire avec cet article ?	
À qui donner cet article ?	

Article no. 8	
Adresse de la propriété	
Où est-il sécurisé ?	
Mot de passe ou clé ?	
Qu'aimeriez-vous faire avec cet article ?	
À qui donner cet article ?	

Article no. 9	
Adresse de la propriété	
Où est-il sécurisé ?	
Mot de passe ou clé ?	
Qu'aimeriez-vous faire avec cet article ?	
À qui donner cet article ?	

Article no. 10	
Adresse de la propriété	
Où est-il sécurisé ?	
Mot de passe ou clé ?	
Qu'aimeriez-vous faire avec cet article ?	
À qui donner cet article ?	

Article no. 11	
Adresse de la propriété	
Où est-il sécurisé ?	
Mot de passe ou clé ?	
Qu'aimeriez-vous faire avec cet article ?	
À qui donner cet article ?	

Article no. 12	
Adresse de la propriété	
Où est-il sécurisé ?	
Mot de passe ou clé ?	
Qu'aimeriez-vous faire avec cet article ?	
À qui donner cet article ?	

Informations relatives à votre propriété que vous devez transmettre aux autres

Emplacement de la fosse septique	
Emplacement du puits d'eau potable	
Emplacement du compteur électrique	
Emplacement du panneau électrique	
Emplacement de la valve de coupure de l'eau	
Emplacement du dispositif d'interruption d'urgence du gaz/ de l'huile	
Emplacement des bornes d'arpentage	

Renseignements importants relatifs à la résidence principale

Fournisseur des services hydroélectriques	
Fournisseur des services de câblodistribution	
Fournisseur des services d'aquéduc	
Fournisseur en huile/propane/gaz	
Fournisseur du service Internet	
Fournisseur de services de téléphonie résidentielle	
Fournisseur de services de téléphonie mobile	
Électricien	
Plombier	
Peintre	
Menuisier	

Réparations des systèmes de chauffage/climatisation	
Revêtement de la toiture	
Réparateur général	
Réparations d'appareils électroménagers	
Services de fosse septique	
Aménagement paysager	
Déneigement	
Entretien de la piscine	
Ramassage des ordures	
Journal	
Magazines	
Autres abonnements	

Executor's Dream

CHAPITRE 10

EMPLOYEUR/CARRIÈRE ET AVANTAGES SOCIAUX

Employeur (le cas échéant)

Entreprise	
Adresse	
Nom de votre superviseur	
No. de tél. de votre superviseur	
Titre officiel de votre poste	

Employeur (le cas échéant)

Entreprise	
Adresse	
Nom de votre superviseur	
No. de tél. de votre superviseur	
Titre officiel de votre poste	

Autres

Conseiller/représentant en avantages sociaux

Compagnie d'assurance	
Conseiller/représentant	
Nom de l'entreprise du conseiller	
No. de tél. du conseiller	

Assurance-vie/décès et mutilation accidentels

ASSURANCE-VIE	
Compagnie d'assurance	
Montant de la couverture $	
Bénéficiaire	

Assurance DMA	
Compagnie d'assurance	
Montant de la couverture $	
Bénéficiaire	

Plan de soins de santé

PLAN DE SOINS DE SANTÉ	
Compagnie d'assurance	
No. de groupe	
No. de police	
No. de certificat/membre	

Site web pour réclamations de soins de santé	
Nom d'utilisateur	
Mot de passe	

Assurance de soins dentaires

ASSURANCE DE SOINS DENTAIRES	
Compagnie d'assurance	
No. de groupe	
No. de police	
No. de certificat/membre	

Site web pour les réclamations de soins dentaires	
Nom d'utilisateur	
Mot de passe	

Invalidité de courte durée/invalidité de longue durée

INVALIDITÉ DE COURTE DURÉE	
Compagnie d'assurance	
No. de groupe	
No. de police	
No. de certificat/membre	

INVALIDITÉ DE LONGUE DURÉE	
Compagnie d'assurance	
No. de groupe	
No. de police	
No. de certificat/membre	
Couverture valide jusqu'à quel âge ?	

Assurance contre les maladies graves

Compagnie d'assurance	
Montant de la couverture $	
No. de groupe	
No. de police	
No. de certificat/membre	

Régime de pension de l'entreprise

Type no. 1	
No. de compte	
Emplacement des documents	
Entreprise	
Nom du représentant	
Téléphone du représentant	
Courriel du représentant	
Nom d'utilisateur	
Mot de passe	
Nom du bénéficiaire	
Téléphone du bénéficiaire	
Courriel du bénéficiaire	

Type no. 2	
No. de compte	
Emplacement des documents	
Entreprise	
Nom du représentant	
Téléphone du représentant	
Courriel du représentant	
Nom d'utilisateur	
Mot de passe	
Nom du bénéficiaire	
Téléphone du bénéficiaire	
Courriel du bénéficiaire	

Type no. 3	
No. de compte	
Emplacement des documents	
Entreprise	
Nom du représentant	
Téléphone du représentant	
Courriel du représentant	
Nom d'utilisateur	
Mot de passe	
Nom du bénéficiaire	
Téléphone du bénéficiaire	
Courriel du bénéficiaire	

Type no. 4	
No. de compte	
Emplacement des documents	
Entreprise	
Nom du représentant	
Téléphone du représentant	
Courriel du représentant	
Nom d'utilisateur	
Mot de passe	
Nom du bénéficiaire	
Téléphone du bénéficiaire	
Courriel du bénéficiaire	

REER collectif de l'entreprise/401(k)

(Plan à prestations déterminées, plan à cotisations déterminées, etc.)

Type no. 1	
No. de compte	
Emplacement des documents	
Entreprise	
Nom du représentant	
Téléphone du représentant	
Courriel du représentant	
Nom d'utilisateur	
Mot de passe	
Nom du bénéficiaire	
Téléphone du bénéficiaire	
Courriel du bénéficiaire	

Type no. 2	
No. de compte	
Emplacement des documents	
Entreprise	
Nom du représentant	
Téléphone du représentant	
Courriel du représentant	
Nom d'utilisateur	
Mot de passe	
Nom du bénéficiaire	
Téléphone du bénéficiaire	
Courriel du bénéficiaire	

Type no. 3	
No. de compte	
Emplacement des documents	
Entreprise	
Nom du représentant	
Téléphone du représentant	
Courriel du représentant	
Nom d'utilisateur	
Mot de passe	
Nom du bénéficiaire	
Téléphone du bénéficiaire	
Courriel du bénéficiaire	

Type no. 4	
No. de compte	
Emplacement des documents	
Entreprise	
Nom du représentant	
Téléphone du représentant	
Courriel du représentant	
Nom d'utilisateur	
Mot de passe	
Nom du bénéficiaire	
Téléphone du bénéficiaire	
Courriel du bénéficiaire	

Type no. 5	
No. de compte	
Emplacement des documents	
Entreprise	
Nom du représentant	
Téléphone du représentant	
Courriel du représentant	
Nom d'utilisateur	
Mot de passe	
Nom du bénéficiaire	
Téléphone du bénéficiaire	
Courriel du bénéficiaire	

Type no. 6	
No. de compte	
Emplacement des documents	
Entreprise	
Nom du représentant	
Téléphone du représentant	
Courriel du représentant	
Nom d'utilisateur	
Mot de passe	
Nom du bénéficiaire	
Téléphone du bénéficiaire	
Courriel du bénéficiaire	

Actions de l'entreprise

Type no. 1	
No. de compte	
Emplacement des documents	
Entreprise	
Nom du représentant	
Téléphone du représentant	
Courriel du représentant	
Nom d'utilisateur	
Mot de passe	
Nom du bénéficiaire	
Téléphone du bénéficiaire	
Courriel du bénéficiaire	

Type no. 2	
No. de compte	
Emplacement des documents	
Entreprise	
Nom du représentant	
Téléphone du représentant	
Courriel du représentant	
Nom d'utilisateur	
Mot de passe	
Nom du bénéficiaire	
Téléphone du bénéficiaire	
Courriel du bénéficiaire	

Type no. 3	
No. de compte	
Emplacement des documents	
Entreprise	
Nom du représentant	
Téléphone du représentant	
Courriel du représentant	
Nom d'utilisateur	
Mot de passe	
Nom du bénéficiaire	
Téléphone du bénéficiaire	
Courriel du bénéficiaire	

Type no. 4	
No. de compte	
Emplacement des documents	
Entreprise	
Nom du représentant	
Téléphone du représentant	
Courriel du représentant	
Nom d'utilisateur	
Mot de passe	
Nom du bénéficiaire	
Téléphone du bénéficiaire	
Courriel du bénéficiaire	

Type no. 5	
No. de compte	
Emplacement des documents	
Entreprise	
Nom du représentant	
Téléphone du représentant	
Courriel du représentant	
Nom d'utilisateur	
Mot de passe	
Nom du bénéficiaire	
Téléphone du bénéficiaire	
Courriel du bénéficiaire	

Type no. 6	
No. de compte	
Emplacement des documents	
Entreprise	
Nom du représentant	
Téléphone du représentant	
Courriel du représentant	
Nom d'utilisateur	
Mot de passe	
Nom du bénéficiaire	
Téléphone du bénéficiaire	
Courriel du bénéficiaire	

Participation aux partages des bénéfices de l'entreprise

Type no. 1	
No. de compte	
Emplacement des documents	
Entreprise	
Nom du représentant	
Téléphone du représentant	
Courriel du représentant	
Nom d'utilisateur	
Mot de passe	
Nom du bénéficiaire	
Téléphone du bénéficiaire	
Courriel du bénéficiaire	

Type no. 2	
No. de compte	
Emplacement des documents	
Entreprise	
Nom du représentant	
Téléphone du représentant	
Courriel du représentant	
Nom d'utilisateur	
Mot de passe	
Nom du bénéficiaire	
Téléphone du bénéficiaire	
Courriel du bénéficiaire	

Type no. 3	
No. de compte	
Emplacement des documents	
Entreprise	
Nom du représentant	
Téléphone du représentant	
Courriel du représentant	
Nom d'utilisateur	
Mot de passe	
Nom du bénéficiaire	
Téléphone du bénéficiaire	
Courriel du bénéficiaire	

Type no. 4	
No. de compte	
Emplacement des documents	
Entreprise	
Nom du représentant	
Téléphone du représentant	
Courriel du représentant	
Nom d'utilisateur	
Mot de passe	
Nom du bénéficiaire	
Téléphone du bénéficiaire	
Courriel du bénéficiaire	

Type no. 5	
No. de compte	
Emplacement des documents	
Entreprise	
Nom du représentant	
Téléphone du représentant	
Courriel du représentant	
Nom d'utilisateur	
Mot de passe	
Nom du bénéficiaire	
Téléphone du bénéficiaire	
Courriel du bénéficiaire	

Type no. 6	
No. de compte	
Emplacement des documents	
Entreprise	
Nom du représentant	
Téléphone du représentant	
Courriel du représentant	
Nom d'utilisateur	
Mot de passe	
Nom du bénéficiaire	
Téléphone du bénéficiaire	
Courriel du bénéficiaire	

Autres

Type	
No. de compte	
Emplacement des documents	
Entreprise	
Nom du représentant	
Téléphone de représentant	
Courriel du représentant	
Nom d'utilisateur	
Mot de passe	
Nom du bénéficiaire	
Téléphone du bénéficiaire	
Courriel du bénéficiaire	

Type	
No. de compte	
Emplacement des documents	
Entreprise	
Nom du représentant	
Téléphone de représentant	
Courriel du représentant	
Nom d'utilisateur	
Mot de passe	
Nom du bénéficiaire	
Téléphone du bénéficiaire	
Courriel du bénéficiaire	

CHAPITRE 11

AUTOMOBILES ET
VÉHICULES RÉCRÉATIFS

Véhicules personnels

Type de véhicule no. 1	
Année	
Marque	
Modèle	
Couleur	
No. de série (NIV)	
Payé en totalité, financé ou loué	
Concessionnaire	
Mécanicien	
Compagnie d'assurance	
No. de police	
No. de téléphone	

Type de véhicule no. 2	
Année	
Marque	
Modèle	
Couleur	
No. de série (NIV)	
Payé en totalité, financé ou loué	
Concessionnaire	
Mécanicien	
Compagnie d'assurance	
No. de police	
No. de téléphone	

Type de véhicule no. 3	
Année	
Marque	
Modèle	
Couleur	
No. de série (NIV)	
Payé en totalité, financé ou loué	
Concessionnaire	
Mécanicien	
Compagnie d'assurance	
No. de police	
No. de téléphone	

Type de véhicule no. 4	
Année	
Marque	
Modèle	
Couleur	
No. de série (NIV)	
Payé en totalité, financé ou loué	
Concessionnaire	
Mécanicien	
Compagnie d'assurance	
No. de police	
No. de téléphone	

Type de véhicule no. 5	
Année	
Marque	
Modèle	
Couleur	
No. de série (NIV)	
Payé en totalité, financé ou loué	
Concessionnaire	
Mécanicien	
Compagnie d'assurance	
No. de police	
No. de téléphone	

Type de véhicule no. 6	
Année	
Marque	
Modèle	
Couleur	
No. de série (NIV)	
Payé en totalité, financé ou loué	
Concessionnaire	
Mécanicien	
Compagnie d'assurance	
No. de police	
No. de téléphone	

Type de véhicule no. 7	
Année	
Marque	
Modèle	
Couleur	
No. de série (NIV)	
Payé en totalité, financé ou loué	
Concessionnaire	
Mécanicien	
Compagnie d'assurance	
No. de police	
No. de téléphone	

Type de véhicule no. 8	
Année	
Marque	
Modèle	
Couleur	
No. de série (NIV)	
Payé en totalité, financé ou loué	
Concessionnaire	
Mécanicien	
Compagnie d'assurance	
No. de police	
No. de téléphone	

Motocyclettes

Type de motocyclette no. 1	
Année	
Marque	
Modèle	
Couleur	
No. de série (NIV)	
Payée en totalité ou financée	
Concessionnaire	
Mécanicien	
Compagnie d'assurance	
No. de police	
No. de téléphone	

Type de motocyclette no. 2	
Année	
Marque	
Modèle	
Couleur	
No. de série (NIV)	
Payée en totalité ou financée	
Concessionnaire	
Mécanicien	
Compagnie d'assurance	
No. de police	
No. de téléphone	

Type de motocyclette no. 3	
Année	
Marque	
Modèle	
Couleur	
No. de série (NIV)	
Payée en totalité ou financée	
Concessionnaire	
Mécanicien	
Compagnie d'assurance	
No. de police	
No. de téléphone	

Type de motocyclette no. 4	
Année	
Marque	
Modèle	
Couleur	
No. de série (NIV)	
Payée en totalité ou financée	
Concessionnaire	
Mécanicien	
Compagnie d'assurance	
No. de police	
No. de téléphone	

Type de motocyclette no. 5	
Année	
Marque	
Modèle	
Couleur	
No. de série (NIV)	
Payée en totalité ou financée	
Concessionnaire	
Mécanicien	
Compagnie d'assurance	
No. de police	
No. de téléphone	

Type de motocyclette no. 6	
Année	
Marque	
Modèle	
Couleur	
No. de série (NIV)	
Payée en totalité ou financée	
Concessionnaire	
Mécanicien	
Compagnie d'assurance	
No. de police	
No. de téléphone	

Équipement de caravane ou de véhicule récréatif

Type no. 1	
Année	
Marque	
Modèle	
Couleur	
No. de série (NIV)	
Payé en totalité ou financé	
Concessionnaire	
Mécanicien	
Compagnie d'assurance	
No. de police	
No. de téléphone	

Type no. 2	
Année	
Marque	
Modèle	
Couleur	
No. de série (NIV)	
Payé en totalité ou financé	
Concessionnaire	
Mécanicien	
Compagnie d'assurance	
No. de police	
No. de téléphone	

Type no. 3	
Année	
Marque	
Modèle	
Couleur	
No. de série (NIV)	
Payé en totalité ou financé	
Concessionnaire	
Mécanicien	
Compagnie d'assurance	
No. de police	
No. de téléphone	

Type no. 4	
Année	
Marque	
Modèle	
Couleur	
No. de série (NIV)	
Payé en totalité ou financé	
Concessionnaire	
Mécanicien	
Compagnie d'assurance	
No. de police	
No. de téléphone	

Type no. 5	
Année	
Marque	
Modèle	
Couleur	
No. de série (NIV)	
Payé en totalité ou financé	
Concessionnaire	
Mécanicien	
Compagnie d'assurance	
No. de police	
No. de téléphone	

Type no. 6	
Année	
Marque	
Modèle	
Couleur	
No. de série (NIV)	
Payé en totalité ou financé	
Concessionnaire	
Mécanicien	
Compagnie d'assurance	
No. de police	
No. de téléphone	

Équipement motorisé de sports nautiques

Type no. 1	
Année	
Marque	
Modèle	
Couleur	
No. de série (NIV)	
Payé en totalité ou financé	
Concessionnaire	
Mécanicien	
Compagnie d'assurance	
No. de police	
No. de téléphone	

Type no. 2	
Année	
Marque	
Modèle	
Couleur	
No. de série (NIV)	
Payé en totalité ou financé	
Concessionnaire	
Mécanicien	
Compagnie d'assurance	
No. de police	
No. de téléphone	

Type no. 3	
Année	
Marque	
Modèle	
Couleur	
No. de série (NIV)	
Payé en totalité ou financé	
Concessionnaire	
Mécanicien	
Compagnie d'assurance	
No. de police	
No. de téléphone	

Type no. 4	
Année	
Marque	
Modèle	
Couleur	
No. de série (NIV)	
Payé en totalité ou financé	
Concessionnaire	
Mécanicien	
Compagnie d'assurance	
No. de police	
No. de téléphone	

Type no. 5	
Année	
Marque	
Modèle	
Couleur	
No. de série (NIV)	
Payé en totalité ou financé	
Concessionnaire	
Mécanicien	
Compagnie d'assurance	
No. de police	
No. de téléphone	

Type no. 6	
Année	
Marque	
Modèle	
Couleur	
No. de série (NIV)	
Payé en totalité ou financé	
Concessionnaire	
Mécanicien	
Compagnie d'assurance	
No. de police	
No. de téléphone	

Équipement motorisé tout terrain

Type no. 1	
Année	
Marque	
Modèle	
Couleur	
No. de série (NIV)	
Payé en totalité ou financé	
Concessionnaire	
Mécanicien	
Compagnie d'assurance	
No. de police	
No. de téléphone	

Type no. 2	
Année	
Marque	
Modèle	
Couleur	
No. de série (NIV)	
Payé en totalité ou financé	
Concessionnaire	
Mécanicien	
Compagnie d'assurance	
No. de police	
No. de téléphone	

Type no. 3	
Année	
Marque	
Modèle	
Couleur	
No. de série (NIV)	
Payé en totalité ou financé	
Concessionnaire	
Mécanicien	
Compagnie d'assurance	
No. de police	
No. de téléphone	

Type no. 4	
Année	
Marque	
Modèle	
Couleur	
No. de série (NIV)	
Payé en totalité ou financé	
Concessionnaire	
Mécanicien	
Compagnie d'assurance	
No. de police	
No. de téléphone	

Type no. 5	
Année	
Marque	
Modèle	
Couleur	
No. de série (NIV)	
Payé en totalité ou financé	
Concessionnaire	
Mécanicien	
Compagnie d'assurance	
No. de police	
No. de téléphone	

Type no. 6	
Année	
Marque	
Modèle	
Couleur	
No. de série (NIV)	
Payé en totalité ou financé	
Concessionnaire	
Mécanicien	
Compagnie d'assurance	
No. de police	
No. de téléphone	

Équipement motorisé hivernal

Type no. 1	
Année	
Marque	
Modèle	
Couleur	
No. de série (NIV)	
Payé en totalité ou financé	
Concessionnaire	
Mécanicien	
Compagnie d'assurance	
No. de police	
No. de téléphone	

Type no. 2	
Année	
Marque	
Modèle	
Couleur	
No. de série (NIV)	
Payé en totalité ou financé	
Concessionnaire	
Mécanicien	
Compagnie d'assurance	
No. de police	
No. de téléphone	

Type no. 3	
Année	
Marque	
Modèle	
Couleur	
No. de série (NIV)	
Payé en totalité ou financé	
Concessionnaire	
Mécanicien	
Compagnie d'assurance	
No. de police	
No. de téléphone	

Type no. 4	
Année	
Marque	
Modèle	
Couleur	
No. de série (NIV)	
Payé en totalité ou financé	
Concessionnaire	
Mécanicien	
Compagnie d'assurance	
No. de police	
No. de téléphone	

Type no. 5	
Année	
Marque	
Modèle	
Couleur	
No. de série (NIV)	
Payé en totalité ou financé	
Concessionnaire	
Mécanicien	
Compagnie d'assurance	
No. de police	
No. de téléphone	

Type no. 6	
Année	
Marque	
Modèle	
Couleur	
No. de série (NIV)	
Payé en totalité ou financé	
Concessionnaire	
Mécanicien	
Compagnie d'assurance	
No. de police	
No. de téléphone	

Licences/Permis

Embarcations/Bateaux de plaisance	
Armes à feu	

Executor's Dream

CHAPITRE 12

COMPTES EN LIGNE ET MÉDIAS SOCIAUX

Mots de passe pour les appareils électroniques
(Téléphone cellulaire, tablette, ordinateur portable, ordinateur, etc.)

Appareil no. 1	
Nom d'utilisateur	
Mot de passe	

Appareil no. 2	
Nom d'utilisateur	
Mot de passe	

Appareil no. 3	
Nom d'utilisateur	
Mot de passe	

Appareil no. 4	
Nom d'utilisateur	
Mot de passe	

Appareil no. 5	
Nom d'utilisateur	
Mot de passe	

Appareil no. 6	
Nom d'utilisateur	
Mot de passe	

Appareil no. 7	
Nom d'utilisateur	
Mot de passe	

Appareil no. 8	
Nom d'utilisateur	
Mot de passe	

Appareil no. 9	
Nom d'utilisateur	
Mot de passe	

Appareil no. 10	
Nom d'utilisateur	
Mot de passe	

Appareil no. 11	
Nom d'utilisateur	
Mot de passe	

Appareil no. 12	
Nom d'utilisateur	
Mot de passe	

Appareil no. 13	
Nom d'utilisateur	
Mot de passe	

Appareil no. 14	
Nom d'utilisateur	
Mot de passe	

Appareil no. 15	
Nom d'utilisateur	
Mot de passe	

Appareil no. 16	
Nom d'utilisateur	
Mot de passe	

Appareil no. 17	
Nom d'utilisateur	
Mot de passe	

Courriels personnels

Courriel personnel Adresse no. 1	
Courriel personnel Mot de passe no. 1	

Courriel personnel Adresse no. 2	
Courriel personnel Mot de passe no. 2	

Courriel personnel Adresse no. 3	
Courriel personnel Mot de passe no. 3	

Courriel personnel Adresse no. 4	
Courriel personnel Mot de passe no. 4	

Courriel personnel Adresse no. 5	
Courriel personnel Mot de passe no. 5	

Courriel personnel Adresse no. 6	
Courriel personnel Mot de passe no. 6	

Courriel personnel Adresse no. 7	
Courriel personnel Mot de passe no. 7	

Médias sociaux

Nom d'utilisateur/courriel Facebook	
Mot de passe Facebook	

Nom d'utilisateur/courriel Instagram	
Mot de passe Instagram	

Nom d'utilisateur/courriel LinkedIn	
Mot de passe LinkedIn	

Nom d'utilisateur/courriel Snapchat	
Mot de passe Snapchat	

Nom d'utilisateur/courriel TikTok	
Mot de passe TikTok	

Autres

Site web	
Nom d'utilisateur/courriel	
Mot de passe	
Questions de sécurité et réponses	

Site web	
Nom d'utilisateur/courriel	
Mot de passe	
Questions de sécurité et réponses	

Site web	
Nom d'utilisateur/courriel	
Mot de passe	
Questions de sécurité et réponses	

Site web	
Nom d'utilisateur/courriel	
Mot de passe	
Questions de sécurité et réponses	

Site web	
Nom d'utilisateur/courriel	
Mot de passe	
Questions de sécurité et réponses	

Site web	
Nom d'utilisateur/courriel	
Mot de passe	
Questions de sécurité et réponses	

Site web	
Nom d'utilisateur/courriel	
Mot de passe	
Questions de sécurité et réponses	

Site web	
Nom d'utilisateur/courriel	
Mot de passe	
Questions de sécurité et réponses	

Site web	
Nom d'utilisateur/courriel	
Mot de passe	
Questions de sécurité et réponses	

Site web	
Nom d'utilisateur/courriel	
Mot de passe	
Questions de sécurité et réponses	

Site web	
Nom d'utilisateur/courriel	
Mot de passe	
Questions de sécurité et réponses	

Site web	
Nom d'utilisateur/courriel	
Mot de passe	
Questions de sécurité et réponses	

Site web	
Nom d'utilisateur/courriel	
Mot de passe	
Questions de sécurité et réponses	

Site web	
Nom d'utilisateur/courriel	
Mot de passe	
Questions de sécurité et réponses	

Site web	
Nom d'utilisateur/courriel	
Mot de passe	
Questions de sécurité et réponses	

Site web	
Nom d'utilisateur/courriel	
Mot de passe	
Questions de sécurité et réponses	

Site web	
Nom d'utilisateur/courriel	
Mot de passe	
Questions de sécurité et réponses	

Site web	
Nom d'utilisateur/courriel	
Mot de passe	
Questions de sécurité et réponses	

Site web	
Nom d'utilisateur/courriel	
Mot de passe	
Questions de sécurité et réponses	

Site web	
Nom d'utilisateur/courriel	
Mot de passe	
Questions de sécurité et réponses	

Site web	
Nom d'utilisateur/courriel	
Mot de passe	
Questions de sécurité et réponses	

Site web	
Nom d'utilisateur/courriel	
Mot de passe	
Questions de sécurité et réponses	

Site web	
Nom d'utilisateur/courriel	
Mot de passe	
Questions de sécurité et réponses	

Site web	
Nom d'utilisateur/courriel	
Mot de passe	
Questions de sécurité et réponses	

Site web	
Nom d'utilisateur/courriel	
Mot de passe	
Questions de sécurité et réponses	

Site web	
Nom d'utilisateur/courriel	
Mot de passe	
Questions de sécurité et réponses	

Site web	
Nom d'utilisateur/courriel	
Mot de passe	
Questions de sécurité et réponses	

Site web	
Nom d'utilisateur/courriel	
Mot de passe	
Questions de sécurité et réponses	

Site web	
Nom d'utilisateur/courriel	
Mot de passe	
Questions de sécurité et réponses	

Site web	
Nom d'utilisateur/courriel	
Mot de passe	
Questions de sécurité et réponses	

Site web	
Nom d'utilisateur/courriel	
Mot de passe	
Questions de sécurité et réponses	

Site web	
Nom d'utilisateur/courriel	
Mot de passe	
Questions de sécurité et réponses	

Site web	
Nom d'utilisateur/courriel	
Mot de passe	
Questions de sécurité et réponses	

CHAPITRE 13

ADHÉSIONS

Renseignements sur vos adhésions
(Centre de conditionnement physique, clubs, associations,
organismes de bienfaisance, syndicat)

Lieu de l'adhésion	Coordonnées

Lieu de l'adhésion	Coordonnées

Lieu de l'adhésion	Coordonnées

Executor's Dream

CHAPITRE 14

ANIMAUX DE COMPAGNIE

Renseignements sur votre animal

Type d'animal de compagnie no. 1	
Date de naissance	
Nom de l'animal	
Race (le cas échéant)	
Numéro de permis ou d'enregistrement	
Emplacement du document	
Nom du vétérinaire	
Adresse du vétérinaire	
Téléphone du vétérinaire	
Nom du gardien de l'animal	
Téléphone du gardien de l'animal	
Nom du toiletteur	
Téléphone du toiletteur	
Nom du lieu de pension de l'animal	
Téléphone du lieu de pension de l'animal	
Besoins alimentaires particuliers	
Autres renseignements	

Type d'animal de compagnie no. 2	
Date de naissance	
Nom de l'animal	
Race (le cas échéant)	
Numéro de permis ou d'enregistrement	
Emplacement du document	
Nom du vétérinaire	
Adresse du vétérinaire	
Téléphone du vétérinaire	
Nom du gardien de l'animal	
Téléphone du gardien de l'animal	
Nom du toiletteur	
Téléphone du toiletteur	
Nom du lieu de pension de l'animal	
Téléphone du lieu de pension de l'animal	
Besoins alimentaires particuliers	
Autres renseignements	

Type d'animal de compagnie no. 3	
Date de naissance	
Nom de l'animal	
Race (le cas échéant)	
Numéro de permis ou d'enregistrement	
Emplacement du document	
Nom du vétérinaire	
Adresse du vétérinaire	
Téléphone du vétérinaire	
Nom du gardien de l'animal	
Téléphone du gardien de l'animal	
Nom du toiletteur	
Téléphone du toiletteur	
Nom du lieu de pension de l'animal	
Téléphone du lieu de pension de l'animal	
Besoins alimentaires particuliers	
Autres renseignements	

Type d'animal de compagnie no. 4	
Date de naissance	
Nom de l'animal	
Race (le cas échéant)	
Numéro de permis ou d'enregistrement	
Emplacement du document	
Nom du vétérinaire	
Adresse du vétérinaire	
Téléphone du vétérinaire	
Nom du gardien de l'animal	
Téléphone du gardien de l'animal	
Nom du toiletteur	
Téléphone du toiletteur	
Nom du lieu de pension de l'animal	
Téléphone du lieu de pension de l'animal	
Besoins alimentaires particuliers	
Autres renseignements	

Type d'animal de compagnie no. 5	
Date de naissance	
Nom de l'animal	
Race (le cas échéant)	
Numéro de permis ou d'enregistrement	
Emplacement du document	
Nom du vétérinaire	
Adresse du vétérinaire	
Téléphone du vétérinaire	
Nom du gardien de l'animal	
Téléphone du gardien de l'animal	
Nom du toiletteur	
Téléphone du toiletteur	
Nom du lieu de pension de l'animal	
Téléphone du lieu de pension de l'animal	
Besoins alimentaires particuliers	
Autres renseignements	

Type d'animal de compagnie no. 6	
Date de naissance	
Nom de l'animal	
Race (le cas échéant)	
Numéro de permis ou d'enregistrement	
Emplacement du document	
Nom du vétérinaire	
Adresse du vétérinaire	
Téléphone du vétérinaire	
Nom du gardien de l'animal	
Téléphone du gardien de l'animal	
Nom du toiletteur	
Téléphone du toiletteur	
Nom du lieu de pension de l'animal	
Téléphone du lieu de pension de l'animal	
Besoins alimentaires particuliers	
Autres renseignements	

Type d'animal de compagnie no. 7	
Date de naissance	
Nom de l'animal	
Race (le cas échéant)	
Numéro de permis ou d'enregistrement	
Emplacement du document	
Nom du vétérinaire	
Adresse du vétérinaire	
Téléphone du vétérinaire	
Nom du gardien de l'animal	
Téléphone du gardien de l'animal	
Nom du toiletteur	
Téléphone du toiletteur	
Nom du lieu de pension de l'animal	
Téléphone du lieu de pension de l'animal	
Besoins alimentaires particuliers	
Autres renseignements	

Type d'animal de compagnie no. 8	
Date de naissance	
Nom de l'animal	
Race (le cas échéant)	
Numéro de permis ou d'enregistrement	
Emplacement du document	
Nom du vétérinaire	
Adresse du vétérinaire	
Téléphone du vétérinaire	
Nom du gardien de l'animal	
Téléphone du gardien de l'animal	
Nom du toiletteur	
Téléphone du toiletteur	
Nom du lieu de pension de l'animal	
Téléphone du lieu de pension de l'animal	
Besoins alimentaires particuliers	
Autres renseignements	

Type d'animal de compagnie no. 10	
Date de naissance	
Nom de l'animal	
Race (le cas échéant)	
Numéro de permis ou d'enregistrement	
Emplacement du document	
Nom du vétérinaire	
Adresse du vétérinaire	
Téléphone du vétérinaire	
Nom du gardien de l'animal	
Téléphone du gardien de l'animal	
Nom du toiletteur	
Téléphone du toiletteur	
Nom du lieu de pension de l'animal	
Téléphone du lieu de pension de l'animal	
Besoins alimentaires particuliers	
Autres renseignements	

CHAPITRE 15

RENSEIGNEMENTS COMMERCIAUX ET PROFESSIONNELS

Propriétaires d'entreprise

En tant que propriétaire d'entreprise, il est plus que probable que vous ayez déjà mis toutes vos affaires en ordre. Cette section est fournie pour vous faciliter la tâche en cas de besoin.

Entreprise no. 1

Nom de l'entreprise	
Type d'entreprise	
Emplacement de l'entreprise	
Propriétaire du bienfonds/ bâtiment (le cas échéant)	
No. de tél. du propriétaire du bienfonds/bâtiment	
Nom de la personne à contacter	
Emplacement des clés	
Emplacement du bail	

Avez-vous des employés ?	
Combien ?	
Qui s'occupe de la paie ?	
Coordonnées du responsable de la paie	

Avocat

Nom de l'avocat	
Adresse de l'avocat	
Téléphone de l'avocat	
Courriel de l'avocat	
Emplacement des documents	

Appareils technologiques

Nom d'utilisateur de l'ordinateur	
Mot de passe de l'ordinateur	
Mot de passe numérique personnel (Pin)	

Nom d'utilisateur du téléphone cellulaire	
Mot de passe du téléphone cellulaire	
Mot de passe numérique personnel (Pin)	
Mot de passe de la messagerie vocale	
Mot de passe numérique personnel (Pin)	

Coffre-fort/Coffret de sûreté

Emplacement	
Mot de passe ou emplacement de la clé	
Mot de passe numérique personnel (Pin)	

Emplacement	
Mot de passe ou emplacement de la clé	
Mot de passe numérique personnel (Pin)	

Renseignements bancaires

Nom de la banque	
No. de compte	
No. de succursale	
Type de compte	
Adresse	
Votre représentant	
No. de téléphone	
Courriel	
Site web	
Emplacement du livret bancaire ou de la carte d'accès	
Nom d'utilisateur	
Mot de passe	
Questions de sécurité/réponses	

Ententes de partenariat

Contrats de location

Contrats d'affaires

Polices d'assurance-vie d'entreprise

Polices d'assurance responsabilité

Énumérez tout droit d'auteur, toute redevance, toute marque de commerce, ou autres droits de propriété intellectuelle

Renseignements sur les employés

Nom complet de l'employé.e	
Adresse	
No. de téléphone/tél. cellulaire	
Titre du poste	

Nom complet de l'employé.e	
Adresse	
No. de téléphone/tél. cellulaire	
Titre du poste	

Nom complet de l'employé.e	
Adresse	
No. de téléphone/tél. cellulaire	
Titre du poste	

Nom complet de l'employé.e	
Adresse	
No. de téléphone/tél. cellulaire	
Titre du poste	

Nom complet de l'employé.e	
Adresse	
No. de téléphone/tél. cellulaire	
Titre du poste	

Nom complet de l'employé.e	
Adresse	
No. de téléphone/tél. cellulaire	
Titre du poste	

Nom complet de l'employé.e	
Adresse	
No. de téléphone/tél. cellulaire	
Titre du poste	

Nom complet de l'employé.e	
Adresse	
No. de téléphone/tél. cellulaire	
Titre du poste	

Nom complet de l'employé.e	
Adresse	
No. de téléphone/tél. cellulaire	
Titre du poste	

Nom complet de l'employé.e	
Adresse	
No. de téléphone/tél. cellulaire	
Titre du poste	

Nom complet de l'employé.e	
Adresse	
No. de téléphone/tél. cellulaire	
Titre du poste	

Nom complet de l'employé.e	
Adresse	
No. de téléphone/tél. cellulaire	
Titre du poste	

Nom complet de l'employé.e	
Adresse	
No. de téléphone/tél. cellulaire	
Titre du poste	

Nom complet de l'employé.e	
Adresse	
No. de téléphone/tél. cellulaire	
Titre du poste	

Souhaits particuliers pour mon entreprise

Entreprise no. 2

Nom de l'entreprise	
Type d'entreprise	
Emplacement de l'entreprise	
Propriétaire du bienfonds/ bâtiment (le cas échéant)	
No. de tél. du propriétaire du bienfonds/bâtiment	
Nom de la personne à contacter	
Emplacement des clés	
Emplacement du bail	

Avez-vous des employés ?	
Combien ?	
Qui s'occupe de la paie ?	
Coordonnées du responsable de la paie	

Avocat

Nom de l'avocat	
Adresse de l'avocat	
Téléphone de l'avocat	
Courriel de l'avocat	
Emplacement des documents	

Appareils technologiques

Nom d'utilisateur de l'ordinateur	
Mot de passe de l'ordinateur	
Mot de passe numérique personnel (Pin)	

Nom d'utilisateur du téléphone cellulaire	
Mot de passe du téléphone cellulaire	
Mot de passe numérique personnel (Pin)	
Mot de passe de la messagerie vocale	
Mot de passe numérique personnel (Pin)	

Coffre-fort/Coffret de sûreté

Emplacement	
Mot de passe ou emplacement de la clé	
Mot de passe numérique personnel (Pin)	

Emplacement	
Mot de passe ou emplacement de la clé	
Mot de passe numérique personnel (Pin)	

Renseignements bancaires

Nom de la banque	
No. de compte	
No. de succursale	
Type de compte	
Adresse	
Votre représentant	
No. de téléphone	
Courriel	
Site web	
Emplacement du livret bancaire ou de la carte d'accès	
Nom d'utilisateur	
Mot de passe	
Questions de sécurité/réponses	

Ententes de partenariat

Contrats de location

Contrats d'affaires

Polices d'assurance-vie d'entreprise

Polices d'assurance responsabilité

Énumérez tout droit d'auteur, toute redevance, toute marque de commerce, ou autres droits de propriété intellectuelle

Renseignements sur les employés

Nom complet de l'employé.e	
Adresse	
No. de téléphone/tél. cellulaire	
Titre du poste	

Nom complet de l'employé.e	
Adresse	
No. de téléphone/tél. cellulaire	
Titre du poste	

Nom complet de l'employé.e	
Adresse	
No. de téléphone/tél. cellulaire	
Titre du poste	

Nom complet de l'employé.e	
Adresse	
No. de téléphone/tél. cellulaire	
Titre du poste	

Nom complet de l'employé.e	
Adresse	
No. de téléphone/tél. cellulaire	
Titre du poste	

Nom complet de l'employé.e	
Adresse	
No. de téléphone/tél. cellulaire	
Titre du poste	

Nom complet de l'employé.e	
Adresse	
No. de téléphone/tél. cellulaire	
Titre du poste	

Nom complet de l'employé.e	
Adresse	
No. de téléphone/tél. cellulaire	
Titre du poste	

Nom complet de l'employé.e	
Adresse	
No. de téléphone/tél. cellulaire	
Titre du poste	

Nom complet de l'employé.e	
Adresse	
No. de téléphone/tél. cellulaire	
Titre du poste	

Nom complet de l'employé.e	
Adresse	
No. de téléphone/tél. cellulaire	
Titre du poste	

Nom complet de l'employé.e	
Adresse	
No. de téléphone/tél. cellulaire	
Titre du poste	

Nom complet de l'employé.e	
Adresse	
No. de téléphone/tél. cellulaire	
Titre du poste	

Nom complet de l'employé.e	
Adresse	
No. de téléphone/tél. cellulaire	
Titre du poste	

Souhaits particuliers pour mon entreprise

Entreprise no. 3

Nom de l'entreprise	
Type d'entreprise	
Emplacement de l'entreprise	
Propriétaire du bienfonds/ bâtiment (le cas échéant)	
No. de tél. du propriétaire du bienfonds/bâtiment	
Nom de la personne à contacter	
Emplacement des clés	
Emplacement du bail	

Avez-vous des employés ?	
Combien ?	
Qui s'occupe de la paie ?	
Coordonnées du responsable de la paie	

Avocat

Nom de l'avocat	
Adresse de l'avocat	
Téléphone de l'avocat	
Courriel de l'avocat	
Emplacement des documents	

Appareils technologiques

Nom d'utilisateur de l'ordinateur	
Mot de passe de l'ordinateur	
Mot de passe numérique personnel (Pin)	

Nom d'utilisateur du téléphone cellulaire	
Mot de passe du téléphone cellulaire	
Mot de passe numérique personnel (Pin)	
Mot de passe de la messagerie vocale	
Mot de passe numérique personnel (Pin)	

Coffre-fort/Coffret de sûreté

Emplacement	
Mot de passe ou emplacement de la clé	
Mot de passe numérique personnel (Pin)	

Emplacement	
Mot de passe ou emplacement de la clé	
Mot de passe numérique personnel (Pin)	

Renseignements bancaires

Nom de la banque	
No. de compte	
No. de succursale	
Type de compte	
Adresse	
Votre représentant	
No. de téléphone	
Courriel	
Site web	
Emplacement du livret bancaire ou de la carte d'accès	
Nom d'utilisateur	
Mot de passe	
Questions de sécurité/réponses	

Ententes de partenariat

Contrats de location

Contrats d'affaires

Polices d'assurance-vie d'entreprise

Polices d'assurance responsabilité

Énumérez tout droit d'auteur, toute redevance, toute marque de commerce, ou autres droits de propriété intellectuelle

Renseignements sur les employés

Nom complet de l'employé.e	
Adresse	
No. de téléphone/tél. cellulaire	
Titre du poste	

Nom complet de l'employé.e	
Adresse	
No. de téléphone/tél. cellulaire	
Titre du poste	

Nom complet de l'employé.e	
Adresse	
No. de téléphone/tél. cellulaire	
Titre du poste	

Nom complet de l'employé.e	
Adresse	
No. de téléphone/tél. cellulaire	
Titre du poste	

Nom complet de l'employé.e	
Adresse	
No. de téléphone/tél. cellulaire	
Titre du poste	

Nom complet de l'employé.e	
Adresse	
No. de téléphone/tél. cellulaire	
Titre du poste	

Nom complet de l'employé.e	
Adresse	
No. de téléphone/tél. cellulaire	
Titre du poste	

Nom complet de l'employé.e	
Adresse	
No. de téléphone/tél. cellulaire	
Titre du poste	

Nom complet de l'employé.e	
Adresse	
No. de téléphone/tél. cellulaire	
Titre du poste	

Nom complet de l'employé.e	
Adresse	
No. de téléphone/tél. cellulaire	
Titre du poste	

Nom complet de l'employé.e	
Adresse	
No. de téléphone/tél. cellulaire	
Titre du poste	

Nom complet de l'employé.e	
Adresse	
No. de téléphone/tél. cellulaire	
Titre du poste	

Nom complet de l'employé.e	
Adresse	
No. de téléphone/tél. cellulaire	
Titre du poste	

Nom complet de l'employé.e	
Adresse	
No. de téléphone/tél. cellulaire	
Titre du poste	

Souhaits particuliers pour mon entreprise

Executor's Dream

CHAPITRE 16

BOÎTES AUX LETTRES, STOCKAGE, RECETTES, SECRETS ET PLUS

Boîtes aux lettres pour le courrier et les colis personnels
(Bureau de poste, Magasin UPS, etc.)

Votre courrier et/ou vos colis sont-ils livrés à une boîte aux lettres autre que celle de votre domicile?

Emplacement no. 1	
Addresse	
No. téléphone	
No. d'unité ou de case	
Code de verrouillage	
Emplacement de la clé	
Toute autre information	

Emplacement no. 2	
Addresse	
No. téléphone	
No. d'unité ou de case	
Code de verrouillage	
Emplacement de la clé	
Toute autre information	

Emplacement no. 3	
Addresse	
No. téléphone	
No. d'unité ou de case	
Code de verrouillage	
Emplacement de la clé	
Toute autre information	

Emplacement no. 4	
Addresse	
No. téléphone	
No. d'unité ou de case	
Code de verrouillage	
Emplacement de la clé	
Toute autre information	

Casiers

(Casier de station d'autobus ou de train, casier de salle de sport, casier scolaire, etc.)

Avez-vous un casier où vous gardez certains articles?

Emplacement no. 1	
Addresse	
No. téléphone	
No. d'unité ou de case	
Code de verrouillage	
Emplacement de la clé	
Toute autre information	

Emplacement no. 2	
Addresse	
No. téléphone	
No. d'unité ou de case	
Code de verrouillage	
Emplacement de la clé	
Toute autre information	

Emplacement no. 3	
Addresse	
No. téléphone	
No. d'unité ou de case	
Code de verrouillage	
Emplacement de la clé	
Toute autre information	

Emplacement no. 4	
Addresse	
No. téléphone	
No. d'unité ou de case	
Code de verrouillage	
Emplacement de la clé	
Toute autre information	

Entreposage locatif
(Unités d'entreposage, garage, grange, remise, etc.)

Avez-vous des articles entreposés ailleurs qu'à votre résidence?

Emplacement no. 1	
Addresse	
No. téléphone	
No. d'unité ou de case	
Code de verrouillage	
Emplacement de la clé	
Toute autre information	

Emplacement no. 2	
Addresse	
No. téléphone	
No. d'unité ou de case	
Code de verrouillage	
Emplacement de la clé	
Toute autre information	

Emplacement no. 3	
Addresse	
No. téléphone	
No. d'unité ou de case	
Code de verrouillage	
Emplacement de la clé	
Toute autre information	

Emplacement no. 4	
Addresse	
No. téléphone	
No. d'unité ou de case	
Code de verrouillage	
Emplacement de la clé	
Toute autre information	

Recettes familiales que vous aimeriez partager

Recettes familiales que vous aimeriez partager

Recettes familiales que vous aimeriez partager

Recettes familiales que vous aimeriez partager

SECRETS que vous aimeriez partager

Renseignements supplémentaires pour votre exécuteur testamentaire

Remerciements

*Je tiens à **remercier** ma cliente et amie, **Charleen, de Portage, au Nouveau-Brunswick, Canada**, qui m'a raconté comment elle préparait tous ses documents dans un classeur pour son exécuteur testamentaire. Je l'ai contactée le lendemain pour lui dire que nous avions tous besoin d'un tel outil et que nous devions le partager avec le monde entier. Bien qu'elle ait refusé de m'accompagner dans mon aventure, elle m'a gracieusement donné sa bénédiction pour aller de l'avant. Merci !*

*Je tiens également à **remercier** mon amie **Ulrika, de Colorado Springs, aux États-Unis**, d'avoir partagé sur Facebook l'histoire de sa propre lutte personnelle en tant qu'exécuteur testamentaire de la succession de sa mère. Son message se lisait comme suit : « Le plus grand cadeau qu'un parent puisse faire à ses enfants est une maison simple (désencombrée), une succession ordonnée et une assurance-vie suffisante pour payer les frais de base après votre décès… Alors que nous devrions tout simplement être en mesure de faire notre deuil, nous nous retrouvons au beau milieu d'un tel stress [...] ». Je l'ai contactée après avoir lu ceci, pour lui parler de mon livre de travail et lui dire que ses mots m'avaient donné l'inspiration nécessaire pour continuer à écrire. Merci !*

*Un **merci spécial** à mon amie **Maria**, qui m'a aidée à éditer ce livre. Merci à mes employées, **Lyne** et **Chantal**, d'avoir supporté ma vie de fous. Merci à ma chère amie et coach **Yvonne**, de m'avoir guidée spirituellement tout au long de mon aventure et de ne jamais m'avoir laisser abandonner. À ma meilleure amie **Ann-Marie** de **Nashua, New Hampshire, États-Unis**, qui est toujours juste au bout d'une conversation vidéo pour entendre mes idées folles et aider par tous les moyens qu'elle peut. Tu es une amie vraiment incroyable ! À tous les autres amis qui font partie de ma vie et que je n'ai pas mentionnés, je vous remercie aussi d'être là pour moi !*

*Enfin, je voudrais **saluer** ma chère mère, **Pauline**. Merci « Mame » pour ton amour et ta patience. J'espère que nous pourrons voyager ensemble pour partager ce livre. Je sais que « Pape » nous regardera d'en haut et sera si fier de ce que nous faisons ! Je ne te le dis pas assez souvent, mais je t'aime et j'apprécie tout ce que tu fais pour moi.*

Contacter et suivre

La meilleure façon d'entrer en contact avec Suzy est :

E-mail: book@executorsdream.com

Sans Frais: 1-888-975-7658

Facebook: www.facebook.com/
                 ExecutorsDream

LinkedIn: www.linkedin.com/
                 company/executor-s-dream

Continuez à recevoir des mises à jour
sur l'événement à venir et d'autres
nouvelles pertinentes de
Executor's Dream en visitant le site Web :

www.executorsdream.com